Mike Dooley

Viele *Grüße* vom *Universum*

Wie Wünsche Wirklichkeit werden

Drei Bücher in einem Band
Grüße vom Universum
Neue Grüße vom Universum
Beste Grüße vom Universum

Aus dem Englischen von
Gisela Merz-Busch (Grüße)
Jutta Hajek (Neue Grüße)
Wulfing von Rohr (Beste Grüße)

Die englischen Originalausgaben erschienen 2007 und 2008
unter den Titeln
Notes from the Universe, *More Notes from the Universe* und *Even More Notes from the Universe* bei Beyond Words Publishing/Atria Books. A division of Simon &
Schuster, Inc., New York

Besuchen Sie uns im Internet:
www.knaur.de
Alle Titel aus dem Bereich MensSana finden Sie
im Internet unter: www.mens-sana.de

Taschenbuchausgabe Dezember 2012
Copyright © 2003/2007 und 2005/2008 Mike Dooley
Copyright © 2012 der deutschsprachigen Ausgaben bei Knaur Verlag.
Ein Unternehmen der Droemerschen Verlagsanstalt
Th. Knaur Nachf. GmbH & Co. KG, München
Alle Rechte vorbehalten. Das Werk darf – auch teilweise –
nur mit Genehmigung des Verlags wiedergegeben werden.
Redaktion: Christine Stecher
Umschlaggestaltung: ZERO Werbeagentur, München
Umschlagabbildung: FinePic®, München
Satz: Adobe InDesign im Verlag
Druck und Bindung: CPI – Clausen & Bosse, Leck
Printed in Germany
ISBN 978-3-426-87633-6

2   4   5   3   1

Für Marisol

Inhalt

Einleitung

Wenn man dich fragt, was du arbeitest, windest du dich dann, zappelst du nervös herum, oder weichst du der Frage aus? Ich tue das. Denn ich schreibe die *Grüße vom Universum,* um meinen Lebensunterhalt zu verdienen, und ich schicke sie fünf Tage pro Woche kostenlos an E-Mail-Abonnenten. Klingt nicht so toll, wie wenn jemand sagt, er sei Arzt, Rechtsanwalt oder Buchhalter oder auch Fleischer, Bäcker oder Kerzenmacher. Und es beeindruckt die Menschen auch nicht so sehr, wie ich mir das früher vorgestellt habe.

Trotzdem hat mir das Universum eine Reihe von Dingen über mich selbst und den schöpferischen Prozess beigebracht. Und davon möchte ich in diesen drei Bänden etwas berichten, weil diese Lektionen für mich in allen Bereichen meines Lebens sehr nützlich waren und für dich vielleicht auch sein können.

Erstens bin ich besser, als ich mir das normalerweise selbst zugestehe.

Es gab in den letzten acht Jahren kaum eine Zeit, in der ich glaubte, dass ich beständig gut geschrieben hätte oder so gut, wie es eigentlich möglich gewesen wäre. Vielmehr meinte ich oft, in einer Schreibkrise zu stecken. Aber dann passiert ab und zu etwas Komisches. Wenn ich manchmal meine alten Aufzeichnungen durchstöbere, weil ich nach irgendetwas suche, dann scheine ich keine schwachen Zitate aus solchen Krisenzeiten zu finden, sondern ich bin vielmehr schwer beeindruckt von dem, was ich da so lese.

Interessanterweise (und das gebe ich gar nicht gerne zu), denke ich dann: »Toll, so würde ich jetzt auch gerne wieder schreiben können!« Und dann entdecke ich ein paar Monate später, dass ich das doch schon so gemacht habe. Das passiert mir seit einiger Zeit immer wieder, dass ich meine heutige Kreativität für viel schwächer halte als das, was ich früher zustande gebracht habe.

So langsam ich meine Lektion auch gelernt habe – gut aufgepasst habe ich *doch*. Ich bin meistens besser, als ich es mir selbst jeweils aktuell zugestehe, und ich bin mir ziemlich sicher, dass das auch auf dich zutrifft.

Zweitens bedeutet die Tatsache, dass ich nicht weiß, was ich schreiben soll, keinesfalls, dass ich nicht damit anfangen sollte. Die Inspiration zum Schreiben oder dazu, irgendetwas anderes zu unternehmen, kommt meist nicht *bevor,* sondern *nachdem* wir uns auf die Reise gemacht haben – welche Reise das auch sein mag. Warte nicht auf die anderen »Entchen«, dass sie sich in Reih und Glied aufstellen, bevor du dich auf den Weg machst – denn das tun sie einfach nicht. Selbst eine Entenmutter weiß das doch. Ihre Küken sind überall verstreut, bis *sie* ihre Reise *beginnt.* Dann erst drängeln sie sich heran, um nachzukommen und in einer Reihe hinterherzumarschieren. Genauso ist es auch bei uns Menschen.

Und schließlich verändern glückliche und fröhliche Gedanken die materielle Welt, und zwar auf tatsächlich physische Weise. Mein eigener kreativer Prozess beim Schreiben basiert auf dem, was ich auch meinem Publikum bei Vorträgen und Seminaren empfehle, wenn es darum geht, Veränderungen im Leben zu manifestieren. Zunächst solltest du definieren und dir vorstellen, was du als *Endresultat* möchtest. Lass dabei am besten auch entsprechende Gefühle in dir aufkommen. Dann solltest du aktiv etwas unternehmen, damit du den eigenen Glauben an deinen Erfolg stärkst und dich somit darauf vorbereitest, die Manifestation schließlich einfach empfangen und annehmen zu können. In einem ersten Schritt visualisiere ich ein oder zwei Minuten, bevor ich anfange zu schreiben. Ich nehme die *Freude,* die ich *spüren* werde, geistig vorweg. Physisch balle ich dabei meine Fäuste oder wedele mit meinen Handflächen herum und lasse ein lautes »Huuuuuuuuuuuhuuuu…« heraus und alles Mögliche andere. Im zweiten Schritt schreibe ich dann die ersten Worte nieder, die mir nach dem Visualisieren in den Sinn kommen. Das ist eine gewisse Herausforderung, weil diese Worte für mich oft gar nicht viel Sinn ergeben oder ich sie am Ende vielleicht gar nicht verwende. Aber ich habe festgestellt, dass Ideen, schöpferische Impulse und Einsichten letztendlich doch hervorsprudeln, wenn ich nur aktiv etwas tue, um meine Vision zu erreichen. Das liegt daran, dass das *Endresultat,* das ich mir vorgestellt habe (Freude zu spüren), nicht physisch real werden kann, bis ich wirklich gut schreibe. Und ohne solche »Ausbrüche« himmlischer Inspiration kann ich nicht gut schreiben. Am Ende entfache ich einen regelrechten Sturm von Energie, weil vor meinen eigenen Augen Gedanken zu Dingen werden in Gestalt von Wortverbindungen und Sätzen, die es vorher nie gegeben hat, die dann als E-Mail verschickt, später zu einem Buch werden und sich schließlich im Lächeln auf Gesichtern rund um den Globus widerspiegeln, sogar noch lange, nachdem meine eigene Zeit im Raum vorüber sein wird. Und das genau ist der greifbare Unterschied, den dein eigenes Glücksgefühl bewirken kann, ob du nun etwas schreibst oder nicht.

Und doch antworte ich heute immer noch, wenn ich danach gefragt werde: »Ja, ich schreibe ein bisschen, ich halte manchmal Vorträge …«, und wechsle höflich das Thema.

Auf ein Leben *deiner* Träume,
Mike Dooley

Der richtige Umgang mit diesem Buch

Als diese Botschaften erstmals per E-Mail an meine Abonnenten gingen, bestand die häufigste täglich eintreffende Reaktion darin, dass die Leser über das perfekte Timing verblüfft waren. (Und das ist heute nicht anders.) Jede Botschaft schien direkt auf ihre augenblickliche Lebenssituation gemünzt zu sein. »Wie konntest du das wissen? Selbst meine engsten Freunde hatten davon keine Ahnung!« Oder: »Ich aß um vier Uhr früh gerade Pfannkuchen, als die heutige Botschaft einging …, und ich musste einfach meine Mutter mitten in der Nacht anrufen, um ihr zu erzählen, dass im PS die Frage gestanden hatte: ›Möchtest du noch Sirup?‹ Und dass ich sie genau in dem Moment las, als ich nach dem Sirupglas greifen wollte!« Oder: »Ich grübelte gerade über das traurige Ende meiner Ehe nach. Ich machte mir Sorgen, welche Auswirkungen es auf meine Kinder haben könnte, und ich war in Tränen aufgelöst, als die heutige Botschaft eintraf und mir sagte: ›Wenn du wüsstest, wie unglaublich positiv sich alles entwickeln wird, für dich und alle, die dir nahestehen, dann würdest du dich jetzt so leicht wie eine Feder fühlen, frei wie der Wind, glücklich, zuversichtlich und unbeschwert …‹«

Wie konnte das sein? Die naheliegende Antwort lautet: Obwohl 150 000 Menschen dieselbe Botschaft erhalten, interpretiert jeder von ihnen sie auf eigene Weise, entsprechend seines Denkens und seiner Lebensumstände. Die ungewöhnlichere Antwort lautet: Im Dschungel von Zeit und Raum sind die Dinge keineswegs das, als was sie erscheinen. Von klein auf hat man uns erzählt, dass wir nur Zaungäste sind und sich das Leben entlang einer starren Zeitachse abspielt. In Wahrheit ist jedoch jeder von uns Mitschöpfer von allem, an dem wir Anteil haben, und unsere Erfahrungen entspringen einem ewig währenden Hier und Jetzt. Nur weil wir uns bei der Deutung des Lebens ausschließlich auf unsere physischen Sinne verlassen, fällt es uns so schwer, diesen Zusammenhang zu begreifen. Genauso wie man bei der Beobachtung eines wundervollen Sonnenaufgangs an dessen Schöpfung beteiligt ist, so sind auf magische Weise auch die Leser dieser Zeilen und der täglichen Botschaften deren Mitschöpfer – gleichgültig, ob man diese Botschaften als E-Mail empfängt oder sie nach dem Zufallsprinzip aus den vorliegenden Seiten auswählt.

Probier es aus. Öffne dieses Buch einfach »zufällig« auf einer Seite, und lass dich überraschen, was dir begegnet. Du solltest wissen, dass du im Grunde der Verfasser bist.

Grüße
vom
Universum

Angenommen, ich sage dir,
dass du *keine Fehler* gemacht hast,

dass ich jede einzelne Entscheidung, die du je getroffen hast,
verstehe und dass mit den Herausforderungen, die du persönlich
angenommen hast, auch allen anderen Menschen gedient wurde,
würdest du mir zuhören?

Angenommen, ich sage dir, dass das, wovon du träumst,
ich für dich träume, dass nur jene Dinge Wirklichkeit werden,
für die du dich entschieden hast,
und dass zwischen dir und dem Leben, von dem du träumst,
nichts steht außer den Gedanken, die zu denken du dich
entschlossen hast,
würdest du versuchen, dies zu verstehen?

Und angenommen, ich sage dir, dass du niemals allein bist,
dass es Engel gibt, die deinen Namen lobpreisen,
und dass ich kaum stolzer auf dich sein könnte, als ich es jetzt
schon bin, würdest du mir glauben?
Würdest du das tun? Selbst wenn ich dich auf den Arm
genommen, dich in Verlegenheit gebracht und dir zwischen den
Zeilen zugezwinkert hätte?

So sage ich …

Ich bin's,
das *Universum!*

Ich habe eine gute und eine schlechte Nachricht.

Die gute Nachricht ist: Du hast die Prüfung bestanden.

Alle Achtung, du hast es geschafft! Nun ist es amtlich, dass du ein Lichtwesen bist, das alle Ängste überwinden und alle Träume verwirklichen kann. Von nun an brauchst du dich nur noch auf das zu konzentrieren, was du wirklich willst, und ich habe es hervorzubringen.

Die schlechte Nachricht ist: Diese Botschaft hätte dich eigentlich schon vor zig Jahren erreichen sollen.

Tut mir wirklich leid.

Hast du eigentlich
eine *Vorstellung* davon,

wie mächtig du in *Wirklichkeit* bist?

Hast du eine Vorstellung davon, was deine Gedanken alles bewirken können?

Hast du eine Vorstellung davon, wie viel Einfluss auf andere du bereits hattest?

Hast du eine Vorstellung davon, wie viel du bereits erreicht hast?

Und, hast du?

Glaub nicht,

dass du an dein wie immer geartetes Ziel mit dem gelangen musst, was du heute in Form von Geld, Zuversicht, Talent oder Beziehungen hast. So funktioniert das nicht. Zu schwierig.

Keine gute Idee.

Sobald du loslegst, werden dir die notwendigen Mittel – Geld, Zuversicht, Talent, Beziehungen – zufließen.

(Immer leiser werdendes Flüstern im Hintergrund: »Sobald du loslegst ...«)

Ob Lob oder *Liebe,*

ob Kritik, Geld, Zeit, Raum, Macht, Strafe, Sorgen, Lachen, Fürsorge, Schmerz oder Vergnügen ... je mehr du gibst, desto mehr wirst du zurückbekommen.

Heute bist du
ein *Magnet*

für unendliche Fülle, göttliche Weisheit und grenzenlose Liebe.

Eigentlich war das schon immer so.

Beobachtet dich
auch *keiner?*

Gut, denn dies hier ist eine streng geheime Übung.

Stell dir vor, du hättest gerade einen Anruf mit den tollsten, aufregendsten Neuigkeiten bekommen, die dein ganzes Leben umkrempeln.

Kaum hast du den Hörer aufgelegt, wirfst du voller Freude die Arme hoch, schwenkst sie in Siegerpose, als hättest du vor Scharen jubelnder Fans gerade die Ziellinie überquert. Du schlägst die Hände vors Gesicht, versuchst, deinen Überschwang zu dämpfen; aber es funktioniert nicht, und du reckst die Arme wieder triumphierend gen Himmel, dabei schüttelst du ungläubig den Kopf. Du lachst und weinst vor Glück.

Ja, das Leben ist groß, und du bist so dankbar!!!

Hast du das verstanden?

Falls dich jemand bei diesem Freudenausbruch überrascht, solltest du ihm lieber erzählen, dein Fitnesstrainer habe angerufen, und er wird vergessen, was er gesehen hat.

Bussi, dein dich liebendes Universum

PS Zeig mir, was du fühlen willst, erschaffe dieses Gefühl in deinem Innern, dann werde ich die äußeren Gegebenheiten – durchaus auch auf ungewöhnliche Weise – so inszenieren, dass du dieses Gefühl wieder und wieder erlebst.

Verwandle den
Dschungel

von Zeit und Raum – in einen gepflegten Hausgarten. Du musst nur begreifen, dass die vielfältigen Geheimnisse von Zeit und Raum zu deinen Gunsten verschworen sind.

Natürlich
gibt es »Dinge«,

die du nicht hast, dir aber wünschst.

Deswegen bist du ja hier.

Das *Leben*
gleicht einem Tanz,

bei dem wir Partner sind. Rückschläge, Hindernisse und Umwege? Aber ja, sie sind nichts anderes als Schritte beim Mambo, Tango und Cha-Cha-Cha. Wenn man die Einzelbewegungen isoliert betrachtet, sehen die Tanzfiguren ziemlich lächerlich aus. Aber im Gesamtbild erkennst du die Poesie der Bewegung.

Rückschläge, Hindernisse und Umwege im Leben sind oft nur eine Taktik von mir, um dich für etwas weit Besseres »aufzusparen«. Lass dich von ihnen nicht entmutigen; verlier nicht den Glauben – oder wie immer du sonst reagieren magst. Hör niemals auf zu tanzen.

Dein Choreograph, der beste von allen,
Das Universum

PS Du wählst den Tanzstil; du entscheidest dich zwischen Ballsaal oder Disco. Aber die Schrittfolge überlässt du mir, in Ordnung?

Kannst du ein *Geheimnis*
für dich behalten?

Du kennst den Raum, der zwischen dir und allen Dingen ist, die Leere. So wie in diesem Augenblick der Raum zwischen dir und diesem Buch.

Das ist der Ort, an dem ich mich verstecke – und aufmerksam zuschaue.

Zuschaue, welche Erwartungen du hast: an dich, an andere, an Reichtum, Gesundheit und Glück. Und von diesem Raum aus – während ich deine Gedanken einfange, deine Worte höre und alles sehe, was du tust, gleichgültig wo wir sind – manifestiere ich den nächsten Augenblick.

Bis zum nächsten Mal!

Das Universum

PS Wenn du die Hand ausstreckst, in diesen Raum hinein, kannst du mich fühlen. Ich bin hier. Wirklich. Du bist niemals allein.

Es ist keine harte *Arbeit.*

Zeit und Raum sind der Spielplatz des Universums, nicht seine Kaderschmiede.

Ein paradiesischer Kindergarten, ganz idyllisch.

Eine deiner *größten*
Herausforderungen

liegt darin, zu erkennen, dass die Hürden in Zeit und Raum lediglich Spiegelungen der Hindernisse in deinem Kopf sind.

Hör auf, dir Probleme vorzustellen.

Warst
du das etwa?

Wir haben eine neue Aushilfe, und die Postmappe ist ziemlich durcheinandergeraten.

Jemand hat einen Riesenwunsch losgeschickt und das ganze Universum aktiviert, um Mitspieler, Umstände und Zufälle so auszurichten, dass sie auf wunderbare Weise genau zum richtigen Zeitpunkt an genau dem richtigen Ort sein werden. Das hat alles verändert, ausnahmslos alles. Die Welt wird nie mehr dieselbe sein.

Genaugenommen geschieht dies durch jeden deiner Gedanken. Doch falls du das gerade warst, meintest du etwa »viel Lachen«, als du »Spielsachen« sagtest?

Hörte sich an, als wolltest du jede Menge Spielsachen.
Oder ging es um was anderes?
Egal, betrachte es als ausgeführt; und weiterhin stets zu Diensten.

Halali!*

Das Universum

*(eigentlich Jagdruf; in unserer Abenteurersprache: »Bis wir uns wieder-
sehen …«)

Weißt du,
was *fehlt*

im Leben der meisten Menschen?

Die Erkenntnis, dass in ihrem Leben gar nichts fehlt.

Du hast *Zeit.*

Sieh nur!
Ein *Lichtwesen,*

strahlend, erleuchtet und voll Anmut. Gekommen, um die
Menschheit näher ans Licht zu führen. Verneigungen und
Lobpreisungen … Oh, du bist es! Was machst du denn da wieder
in Zeit und Raum?

Aha! Ich verstehe. Du tust nur so. Das kann ich gut
nachvollziehen. Wir alle brauchen es ab und zu ein bisschen, sich
was auszudenken.

Und wie läuft es so?

Ja, ja, die Herausforderungen!
Ohne sie keine lohnenden Abenteuer!

Sag mal, stimmt es, dass in Zeit und Raum die Trugbilder sooo
verführerisch, der Kaffee sooo aromatisch und die Schokolade sooo
dunkel ist, dass man leicht vergisst, dass du dir das alles nur
ausgedacht hast und dass du für dein Erwachen nichts weiter tun
musst, als dir deinen eigenen Weg auszumalen?

Milch und Zucker?

Nimm *Kritik* bereitwillig an,

ob von Weisen oder Narren.

Niemals wurde ein Wort gesagt, das für die, die es hörten, ohne
Bedeutung war.

Fällt dir jemand auf die *Nerven?*

Aber das ist doch ganz einfach.

Wie das Glück ist auch die Enttäuschung
eine innere Angelegenheit.

Pssst,
ich bin's wieder ...

das Universum.

Du sollst wissen, dass dir mehr zusteht, viel mehr.

Und stell dir vor, zufällig habe ich gerade »etwas«.

Versuch mal Folgendes. Hör auf, vorhersagen zu wollen, woher »es« kommen wird, dadurch setzt du nur Grenzen. Glaub einfach daran, dass »es« kommen wird, und den Rest überlass mir.

Gut?

Übrigens, du bist spitze.

Ist das nicht
irre?

Von allen Menschen auf der ganzen Welt, denen »es« zuteilwurde, sind es nur wenige, die es sich selbst schenken.

Der Trick? Schrittchenweise voran.

Gib etwas, gleich heute. Schenk Vertrauen, spende Lob, gib was Gutes, und zwar dir selbst – und das Universum wird dir noch weit mehr davon geben.

Egoismus ist eine Tugend, solange du nicht glaubst, etwas müsse auf Kosten anderer geschehen. Aber warum sollte das jemand glauben? Aha, das haben dir wohl die Leute erzählt, die »es« nicht abbekommen haben!

Es ist *nicht* schwer,

auf Leute zu schielen, die bereits haben, was du dir wünschst, und festzustellen, dass sie anders sind als du, und dann zu denken, dass sie eben »die Sorte Menschen« sind, die das, was du gern haben willst, mühelos erreichen. Ganz im Gegensatz zu dir, denn sonst hättest du das alles ja auch.

Sehr logisch gedacht und ein großartiger Weg für Nichtabenteurer, der Verantwortung aus dem Weg zu gehen, am Rand des Spielfelds zu bleiben und mehr Zeit vor dem Fernseher zu verbringen.

Abenteurer dagegen verstehen, dass sie genau die Sorte Menschen sind, die all die Dinge haben sollen, die sie sich wünschen. Wäre es anders, wären sie ja nicht mit diesen Wünschen gesegnet.

Du bist »*hier*«
(in deinem Alltag),

und du möchtest von »hier« nach »dort« gelangen (in das Leben, von dem du träumst). Und weil beides physische Schauplätze sind, könnte man meinen, die physische Welt verändern zu müssen, um von »hier« nach »dort« zu kommen.

Aber, aber! Das ist die ultimative Illusion.

Physische Orte sind bloße Trugbilder, Spiegelungen einer inneren Welt, der Welt deiner Gedanken. Um also von »hier« nach »dort« zu gelangen, muss die Veränderung in deinem Innern stattfinden.

Ein Gedanke, den man sich merken sollte – überreicht von deinem Freund,

Dem Universum

Ahnst du *es*
nicht schon?

Du kommst auf die Erde, um ein kleines Abenteuer zu erleben, mit Spaß und Spiel, mit Lernen und Wachsen, und plötzlich bist du gefangen in einem Meer von Illusionen. Du versuchst, mit deinem kleinen Menschenhirn alles auf die Reihe zu bringen; du rackerst dich mit Nebensächlichkeiten ab und setzt alles dran, Beifall und Anerkennung einzuheimsen.

Klingt nach Doku-Soap.

Ich sage dir, was zu tun ist. Nein, du hast nicht allem
abzuschwören. Du musst dich nur daran erinnern, wie die Dinge
wirklich funktionieren.

Du musst dich daran erinnern, dass die Gedanken, auf die du dich
konzentrierst, ab sofort zu den Dingen und Ereignissen deines
restlichen Lebens werden. Dabei ist es gleichgültig, woher du
kommst, was andere sagen oder wie beängstigend alles zu sein
scheint.

Es gibt keine
schlimmen Zeiten,

Schicksalsschläge oder Herausforderungen,
die nicht Schätze für die Menschen bergen, die es schaffen, sie
durchzustehen.

Möglich,
dass eine lange *Wegstrecke*

zwischen dem Hier und dem Land deiner Träume liegt, doch der
Weg dorthin, achte mal darauf, führt mitten durchs Paradies.

Die *Wurzel*
allen »Übels«

liegt darin, in Zeit und Raum nach Sinn zu suchen – nach Lösungen, nach Identität, nach Freunden, Liebe und Lachen, nach Reichtum, Gesundheit und Harmonie.

Die Quelle all dieser materiebezogenen Dinge ist der Geist, der von (deinem) Denken geformt wird und dann, ohne Wertung, der Materie seinen Stempel aufdrückt, direkt vor deinen Augen. Wenn du versuchst, das zu bekommen, was du haben willst, was immer es auch sein mag, wenn du dich als Erstes Zeit und Raum zuwendest, dann ist es so, als würdest du das Pferd von hinten aufzäumen, und du wirst dich machtlos fühlen, verzweifelt und sogar krank.

Und das, mein liebes Herz, ist noch die weichgespülte Version.

Halali!

Das Universum

Siehe da,
ein neuer *Tag*

mit Regenbogen, Sonnenschein und blauem Himmel.
Neue Spieler, neue Chancen und neues Spiel.
Reichtum, Gesundheit und Harmonie – so wie du es dir immer vorgestellt hast, stimmt's?

Stimmt doch?!

Bitte sag mir, dass du es dir so vorgestellt hast!!

Die *wirksamste* Waffe

ist Freundlichkeit.

Ein Lächeln, ein Lob, Ermutigung und Mitgefühl gehören in das Arsenal jedes Zeit/Raum-Abenteurers.

Mach dich heute daran, die Ängste mit Stumpf und Stiel auszurotten, die du in anderen oder in dir selbst vorfindest.

Achtung, und los geht's.

Um den *kürzesten* Weg

zur Erfüllung jedes Wunschtraums einzuschlagen, arbeite mit Vorstellungskraft statt mit der Faktenlage. Beschäftige dich mit den Ergebnissen, nicht mit dem Wie. Und verlass dich dabei aufs Universum, nicht auf dich selbst.

Alle Wege führen
zur *Wahrheit,*

allerdings bringen dich manche um Klassen schneller dorthin als andere.

Sei dir selbst gegenüber ehrlich.

Geheimer
Textauszug

aus *Erleuchtung für Anfänger: Zeit/Raum-Ausgabe,* der aktuelle Bestseller in Dimensionen, die weit, weit entfernt liegen …

Es ist, als gäbe es zwischen jeder einzelnen Sekunde des Tages eine Pause. Ein Intervall, gefroren und nicht gefroren. Das alles ist nicht wahrnehmbar für die körperlichen Sinne, denn diese Augenblicke und Nichtaugenblicke sind durch deine Gedanken, Überzeugungen und Absichten miteinander verflochten. Deine Gedanken, Überzeugungen und Absichten überbrücken die Lücken und erschaffen ein vollständiges, nahtloses Bild. Sogar in diesem Moment geschieht dies, zwischen jedem Wort, das du gerade gelesen hast.

Während dieser Pausen wird die Zukunft geschmiedet. Und so wie alle Dinge flimmern und sich flackernd wie Glühwürmchen bewegen, so flackert auch die Zeit, währenddessen das Universum eifrig tätig ist, sich in Vorhaben stürzt, Berge versetzt, Lebensumstände entwirft und Zufälle plant, frei von den

Begrenzungen körperlichen Daseins und somit auch von Ursache und Wirkung. Hierin liegt die Magie.

Jeder körperliche Augenblick spiegelt dann die Schöpfung des jeweils vorausgehenden nichtkörperlichen Augenblicks wider. Er hängt nicht von dem ab, was im Körperlichen existiert, sondern von der meist langsamen Entwicklung deiner Überzeugungen, Absichten und Erwartungen. Sie lassen beide Welten Wirklichkeit werden.

(Sitzt du gut? Also weiter …)

Es kann sogar die Vergangenheit neu geschrieben und Erinnerungen können eingefügt werden, so dass nichts verloren geht. (Damit du auf Trab bleibst und dein Gehirn nicht einschläft, streiche »Es kann sogar«, und nimm stattdessen »Oft wird«.)

Wenn du das nächste Mal etwas haben willst, dann setz bei diesen Pausen an, nicht bei Zeit und Raum. Achte nicht auf das Körperliche, schau auf das Unsichtbare. Und verweil im Reich der unbegrenzten Möglichkeiten.

Aber das weißt du ja schon.

Ha-Ha-Halali!

Das Universum

PS Übrigens, besagte Entwicklung muss nicht unbedingt langsam vonstattengehen.

Ist es nicht
seltsam,

sobald du deinen »Blick« auf etwas oder jemanden gerichtet hast, musst du dich entscheiden, was du sehen willst: Schönes, Schlechtes oder Hässliches. Glaubst du trotzdem immer noch, es hätte etwas mit deinen Gefühlen oder Stimmungen zu tun, wie du »etwas« oder »jemanden« siehst?

Kämpf nicht dagegen an.

Wenn du
angekommen bist,

was immer dies für dich heißen mag, wird es für dich am wichtigsten sein, anderen dabei zu helfen, Ähnliches zu erreichen.

Wem willst du zuerst dabei helfen? Was willst du tun oder sagen? Wie willst du nach außen auftreten? Wie willst du anderen zeigen, was du siehst?

Vielleicht solltest du am besten sofort loslegen.

Der *einzige*
Unterschied

zwischen Freund und Feind besteht in deiner Entscheidung, wo
du Liebe wachsen lässt.

Es gibt keine einzige Seele auf Erden, die sich nicht nach deiner
Anerkennung sehnt.

Die
beste Art,

mit anderen Menschen umzugehen, besteht darin, sie so
zu nehmen, wie sie sind.

Schließlich ist das genau die Art, wie du selbst von ihnen
behandelt werden möchtest.

Eine
Frage

von deinem Freund, dem Universum:

Wie viel Zeit verbringst du damit, in großem Maßstab zu denken?
Und ich meine damit SEHR GROSS.

Prima, ausgezeichnet! Denn das ist genau der Maßstab, in dem du
»es« bekommen wirst.

Was für ein Zufall!

Möchtest du
wissen,

wie die Welt aussehen wird, sobald du im Bewusstsein handelst,
ein fabelhaftes Lichtwesen zu sein?

Wenn du zu begreifen beginnst, dass du deines Schicksals Schmied
bist?

Und wenn du weißt, dass alles möglich ist und dass das
Universum unermüdlich zu deinen Gunsten wirkt?

Na ja, sie wird ungefähr so aussehen wie jetzt auch!

Ist dir
eigentlich *klar,*

dass du niemals irgendetwas von irgendjemandem gehört hast, das
du nicht hören wolltest?

Ganz schön clever von dir.

Du bist voller
Ungeduld

bei dem Gedanken, die Zukunft – in Stunden, Tagen oder Jahren gezählt – würde »besser« sein als die Gegenwart.

Das wird sie nicht.

Allerliebster
Herzensschatz,

es tut mir leid, dass ich dir dies schreiben muss, aber es genügt einfach nicht, mir zu sagen, dass du mich anbetest. Dass du meine Geheimnisse liebst und angesichts der vor uns liegenden grenzenlosen Möglichkeiten vor Aufregung erbebst. Das ist einfach nicht genug, weder für mich noch für dich. Herzchen, du musst es mir auch zeigen.

Du musst in die Welt hinausgehen und jeden Tag in dem Vertrauen begrüßen, dass ich bei dir bin. Setz die Magie ein.

Geh voller Zuversicht ans Werk, erwarte ein Wunder, und verfolg kühn deine Träume.

Liebling, es ist an der Zeit, den nächsthöheren Gang einzulegen. Zu spielen, alles weniger ernst zu nehmen, Freude und Spaß zu haben, denn es gibt einfach nichts, absolut nichts, was wir nicht zusammen machen könnten – aber du bist es, Sonnenschein, der uns in Bewegung bringen muss.

Dein bis in alle Ewigkeit

Das Universum

PS Du weißt schon, mach, was du immer machst, was mich so
verrückt nach dir werden lässt. Sei ganz du selbst, und der Rest
wird sich fügen.

Die Dinge und
Ereignisse

von Zeit und Raum – die Gegenstände um dich herum, deine
Erinnerung an jüngste Ereignisse –, all dies verrät nur etwas
darüber, wo du gewesen bist, nicht, wohin dein Weg dich noch
führt.

Wenn ich dir nur einen einzigen
Hinweis geben dürfte,

der ausreichte, damit du verstehst, wie du das Leben deiner
Träume führen kannst, so würde ich sagen: Kapier, dass du schon
mittendrin bist!

Würden
liebevolle Eltern

ihrem Kind eine Geschichte zu lesen geben, die kein gutes Ende nimmt?

Nein. Niemals. Aber vielleicht geben sie den Rat: »Was immer du auch gesucht hast, hör nicht gerade dann auf, wenn es gruselig wird!«

Herausforderungen
im Leben

tauchen nicht aufs Geratewohl auf, wie zufällig und absichtslos sie auch erscheinen mögen. Sie begegnen dir nur, wenn du dafür bereit bist.

Nicht dann, wenn sie dich zerbrechen würden, sondern wenn du bereit bist, zu wachsen, darüber hinauszuwachsen und mehr zu sein, als du warst, bevor sie aufgetaucht sind.

Gestern
erst

hatte ich mir freigenommen, glitt adlergleich durch den Himmel und segelte gerade zwischen einigen riesigen Kumuluswolken durch, als ich – bum! – gegen einen Storch rempelte, der auf einem Transportflug war. Störche habe ich schon immer geliebt, sie sind so schlicht und duldsam.

Ich hatte Mitleid mit dem armen Kerl, also flogen wir eine Weile zusammen, und ich versuchte, ihn aufzumuntern. Ich habe ihm aber nicht verraten,

dass ich das Universum bin.

Weißt du, was er zu mir gesagt hat?

Er meinte, es gebe keine Zufälle.

»Überhaupt keine?«, fragte ich und tat überrascht.

»Keine.«

»Na gut, dann war es sicher nur ein zeitliches Zusammentreffen, dass ich gerade gegen dich geprallt bin.« Er stotterte ein bisschen herum, doch dann behauptete er, so was gebe es genauso wenig.

»Nicht?«

»Nein, nein.«

Ich fragte ihn, woher er als Storch so viel über das Leben wisse. Und er meinte, in jedem von uns stecke auch etwas Göttliches. Er sagte, dass wir eigentlich alle die Wahrheit über die Wirklichkeit kennen würden, und wenn man sich auf ein Problem oder eine Frage konzentrierte, ergebe sich die Antwort von selbst.

»Hör bloß auf!«, sagte ich zu ihm.

»Doch, das stimmt wirklich. Heute zum Beispiel. Ich hatte mich gerade gefragt, wo all die Babys herkommen, und – bum! – plötzlich, aus dem Nichts, wusste ich es einfach.«

Trau nie
dem äußeren *Schein.*

Der *Grund,*
warum manche

deiner Gedanken noch nicht Wirklichkeit geworden sind, besteht darin, dass andere deiner Gedanken das geschafft haben.

Du
brauchst nur eine *Veränderung*

deiner Sichtweise – deiner Einstellung und deiner Überzeugungen –, um dein Leben zu verändern.

Du hältst das für sehr schwierig? Kann sein.

Ob sich der Aufwand lohnt? Kommt darauf an …

… wie sehr du dir ein größeres Maß an innerer Zufriedenheit

wünschst, mehr Freunde und mehr Lachen, Gesundheit und ein
sorgenfreies Leben … und so viel Reichtum, dass du nie mehr
fragen musst:
»Was bitte kostet das?«

Morgens vor dem
Spiegel,

trägst du da das Make-up oder die Rasiercreme auf dein
Spiegelbild auf?

Ha! Natürlich nicht, man würde dich wegsperren. Stattdessen
bearbeitest du die Quelle der Spiegelung.

Also solltest du nach derselben Methode vorgehen, um das Leben
deiner Träume zu führen. Warum solltest du deine Zeit bei dem
Versuch verschwenden, die Illusionen von Zeit und Raum zu
beeinflussen, wenn du an deren Quelle gelangen kannst: die innere
Welt deiner eigenen Gedanken, Überzeugungen und Erwartungen,
wo sowieso das Eigentliche passiert?

Es ist
unvermeidlich,

wenn große Träume wahr werden, und ich meine wirklich
GROSSE Träume, dass sich das Leben grundlegend wandelt.
Gedanken verändern sich. Worte verändern sich. Andere
Entscheidungen werden getroffen. Dankbarkeit allerorten.

Prioritäten werden neu geordnet, und Optimismus kommt auf. Solche Leute können einem fast schon auf die Nerven gehen.

Das hast du dir auch schon gedacht, oder?

Aber wusstest du, dass diese Veränderungen unvermeidlich bereits vor der Verwirklichung der Träume geschehen und nicht erst danach?

Unvermeidlich heißt immer.

Es ist nicht *real!*
Lass dich nicht täuschen!

Die Dinge und Ereignisse in Zeit und Raum sind wie Trickfiguren: erfunden, vorgetäuscht.

Was zählt, ist, was du in deinem Herzen fühlst; was zählt, sind die Träume, die dir durch den Kopf gehen. Die ultimative Aufgabe besteht darin, herauszufinden, was in einem Meer von Illusionen real ist.

Du schaffst das, sonst wärst du nicht hier. Erwarte nicht von der Welt, dass sie dir Hinweise gibt, erwarte es nicht einmal von deiner Familie, deinen Freunden oder Arbeitskollegen. Schau nach innen. Du entscheidest, was richtig ist. Du entscheidest, was möglich ist. Du schreibst das Drehbuch und legst die Regeln fest. Du bist das Tor, der Weg und das Licht.

Deine *verborgenen*
einschränkenden Überzeugungen

sind nur dann unsichtbar, wenn du innerhalb ihrer Schranken lebst – oder wenn du weiterhin das tust, was du schon immer getan hast.

Gib dir einen Ruck. Trau dich, in größeren Dimensionen zu denken und zu handeln und dich so zu verhalten, als sei der eine oder andere deiner Träume schon Wirklichkeit geworden. Dann wirst du die kleinen Kerle aus dem Gebüsch stürmen sehen, in neongrell Orange und bis an die Zähne bewaffnet mit Logik. Und sie werden dich flehentlich bitten, umzudrehen und in die Sicherheitszone zurückzukehren.

Tu etwas, gleich heute, etwas, das du normalerweise nicht machen würdest, zum Beispiel deinen Arbeitstag sehr früh beenden und nachmittags ins Kino gehen.

Aha! Du hast gerade ein paar von ihnen gesehen?!

Sei vorsichtig: Manchmal, wenn sie sich so offen zeigen, werden sie versuchen, sich an dich zu hängen, und sie sehen dabei sooo unschuldig und niedlich aus. Und als ob dies nicht schlimm genug wäre, werden sie anfangen, in ihrer Babysprache auf dich einzureden. Grauenhaft!

Wenn du
wüsstest,

wie unglaublich positiv sich alles entwickeln wird, für dich und für alle, die dir nahestehen, dann würdest du dich jetzt so leicht wie eine Feder fühlen, frei wie der Wind, glücklich, zuversichtlich und unbeschwert.

Oje, da habe ich wohl die Katze aus dem Sack gelassen!

Na gut, nun weißt du Bescheid.

Abenteurer,
sei auf der Hut!

Denk dran, du bist ein intergalaktisches, unzerstörbares, nicht zu bremsendes, unvergängliches Lichtwesen – und in diesem Augenblick tust du nur so, als wärst du das kleine Mäuschen, das dieses Buch hält.

Alles klar?

Das Universum

Da du
so *mächtig* bist –

wem willst du heute den Tag retten?

Denken …

ist die ultimative Kontaktsportart.

Was wäre,
wenn du *Macht,*

Einfluss und Ruhm hättest? Was wäre, wenn dir die Herrschaft
über alle Dinge gegeben wäre? Und wenn die Ewigkeit vor dir läge,
voll von Liebe, Freunden und Lachen?

Und dennoch, eines Tages, in all deinem strahlenden Glanz,
im Rausch unbeschwerter Freude, stolperst du, fällst hin und
verletzt dich. Und zwar ernsthaft.

Würdest du dich selbst hassen? Würdest du deine Träume
aufgeben? Würdest du deine Macht, deinen Einfluss und deinen
Ruhm vergessen?

Ach, erzähl mir nichts …

Ach,
»es« *funktioniert* nicht?

Na ja, aber weißt du denn, wo du wärst und wie dein Leben aussehen würde, wenn »es« wirklich nicht funktionierte?

Zum einen würdest du dies hier nicht lesen und zum anderen nicht einmal halb so gut aussehen wie jetzt. Du würdest dich vielleicht auch fragen, ganz im spirituellen Sinne, wer die Meute auf dich losgelassen hat.

Das Universum

PS Es funktioniert. Und es wird immer einfacher. Und du kommst immer besser voran.

Aha, wollen wir
doch mal *sehen,*

wem ich heute den Tag rette. Die Woche. Das Jahr. Das ganze Leben. Wessen Gedanken soll ich mit der Macht ausstatten, ausnahmslos Wirklichkeit zu werden? Wen werde ich aus jeder Herausforderung als Sieger hervorgehen lassen, und wen soll ich über jedes Hindernis katapultieren? Wer wird eine zweite Chance bekommen, und eine dritte? Nein, nein, das ist noch lange nicht genug. Für wen soll ich die »Reset«-Taste drücken, sooft er in seinem Leben einen Neustart wünscht? Wer wird seinen Kuchen essen und ihn gleichzeitig behalten dürfen?

Oh, verflixt, jetzt ist es mir schon wieder passiert! Ich habe schon wieder meiner Fantasie freien Lauf gelassen und so getan, als könnte ich über all das entscheiden. Ich würde mir wünschen, solche Gaben verteilen zu können, stattdessen warte ich als Servicetechniker hinter der Bühne und darf meine Wunderdinge und meine Zauberkraft nur dann einsetzen, wenn man mich ruft und an mich glaubt. Ich bin so etwas wie der Hausmeister des Lebens.

Bitte ruf mich – damit ich für dich den Kelch bis zum Rand füllen, dir jeden Wunsch gewähren und jeden Traum verwirklichen kann. Lass uns gleich heute damit anfangen.

Das musste ich wohl einfach mal loswerden.

Das Universum

PS Es könnte einfacher nicht sein.

Schhh…

Das Geheimnis, wie man es schafft, das Leben seiner Träume zu führen, besteht darin, einfach damit anzufangen, das Leben seiner Träume zu führen, und zwar sofort und so intensiv wie möglich.

Wenn ich so darüber
nachdenke,

hast du eigentlich nie um viel gebeten.

Hey, und wieso nicht?

Mutig
sind die *Seelen,*

die sich in Zeit und Raum wagen, um ihre Göttlichkeit zu erfahren. Obwohl sie nicht verlieren können, könnten sie doch glauben, sie hätten verloren, und das wird ihnen unerträglich vorkommen. Obwohl sie nicht versagen können, könnten sie glauben, sie hätten versagt, und der Schmerz wird ihnen unerträglich erscheinen. Und obwohl sie nie weniger sein können, als sie wirklich sind – mächtig, ewig und geliebt –, könnten sie doch glauben, sie seien weniger, und alle Hoffnung scheint für sie verloren.

Und hierin liegt ihre Prüfung. Eine Prüfung ihrer Wahrnehmung: worauf sie sich konzentrieren sollten, an was sie glauben sollten, unabhängig vom äußeren Schein.

Sie sind wirklich mutig, der Stolz des Universums, und ich muss es ja wissen.

Tu
es einfach.

Alles, was du wissen musst, weißt du, und alles, was du haben musst, hast du. Alles!

Zeit und Raum sind eine armselige Schule. »Da draußen« gibt es größere Herausforderungen, interessantere Abenteuer und noch viel mehr Freunde, doch du musst ganz klar etwas tun, hier und jetzt. Du musst die Wahrheiten leben, die du entdeckt hast, und die Regeln anwenden, und du darfst nie wieder denken: »Warum funktioniert das nicht?«, »Es ist so schwierig«, »Ich weiß nicht«, denn mit solchen Gedanken drückst du quasi die »Replay«-Taste für all das, was du gerade durchgestanden hast. Schau nach vorn, vergegenwärtige dir deine Träume, und sei dankbar, weil du genau weißt, was du tust.
Puh! Fühlst du dich jetzt besser?

Ha-Ha-Halali!

Unterschätz
niemals

das Universum.

Alles
ist von Bedeutung.

Weltweite
Bekanntmachung

Hiermit möchte ich meine treu ergebenen Untertanen daran erinnern, dass sie eben nicht meine treu ergebenen Untertanen sind. Und dass ich all diese Opfer, Beschwichtigungen und Unterwürfigkeiten leid bin.

Ich, das Universum – die Sonne, der Mond und die Sterne, das Alpha und Omega und der ganze Rest –, habe ein Paradies in Zeit und Raum geschaffen, damit ich dank euch seine grenzenlose Herrlichkeit erfahren und fröhlich genießen kann, wie es ohne euch nicht möglich wäre.

Eure Wünsche sind das, was ich euch wünsche. Was ihr wollt und wann ihr es wollt, auch darin folge ich euch. Eure Träume sind meine Träume. Ihr seid das A und O von Zeit und Raum, der einzige Grund für diesen Garten Eden. Ihr könnt nichts Unrechtes tun, es gibt keine Fehler, und alles ist gut.

Folgt eurem Herzen, habt Freude an euren Vorlieben. Steht zu euch selbst. Meldet eure Ansprüche an, fordert sie ein, und streckt eure Hand aus. Bannt eure Zweifel, erhebt euch von den Knien, und lebt so, wie es euch gefällt. Denn, ihr Liebsten, ihr könnt dies schaffen, und das ist alles, was ich je wollte.

Mit unaussprechlicher Liebe verbleibe ich

Das Universum

PS Uaaa-aaa-aaahhh!

Internationale *Beratungsstelle* für Abenteurer

»Kurs halten« bedeutet nicht, verhasste oder ungeliebte Wege bis zum Ende zu gehen.

Alles, was du gern wissen möchtest,

weißt du bereits.

Komm zur Ruhe.

Alles *vergeht* so schnell,

findest du nicht?

Im Moment bist du noch hier auf Erden und im nächsten schon wieder gegangen.

Also hast du eigentlich nichts zu verlieren, oder?
Absolut nichts! Du wirst so oder so wieder nach Hause
zurückkehren. Du wirst aufsteigen, und alles wird so herrlich,
glückselig und mühelos sein.

Nachdem du dann dein Leben genauestens hast Revue passieren
lassen, wirst du dir mit der Hand auf deine himmlische Stirn
schlagen, unter schallendem Gelächter auf und ab hüpfen und
sagen: »Natürlich, meine Gedanken wurden zu den Dingen und
Ereignissen meines Lebens. Dieses Buch hatte recht. Und so groß
und erhaben, wie ich hier bin, war ich schon vorher. Und so
mühelos, wie es hier ist, hätte es schon dort sein können. Ich will
das Spiel wiederholen, ich möchte wieder zurück an den Start. Ich
verspreche, dass ich es diesmal nicht vergessen werde. Ich
verspreche, dass ich an meine Träume und an mich glauben werde.
Ich werde niemals nachlassen und aufgeben. Ich werde das
Vertrauen nicht verlieren. Ganz bestimmt.«

Jeder, der dich
quält,

dich bedrängt, dich verwirrt oder aufregt, ist ein Lehrer.

Nicht, weil er weise ist, sondern weil du danach strebst, es zu
werden.

Eigentlich
ist es ziemlich einfach.

Du hast genaugenommen nur eine Wahl: dein Bestes zu tun
mit dem, was du hast, und von dort aus, wo du bist.

Alles andere führt nur zu Verzögerungen.

Niemals würdest du
es schaffen,

den Reichtum auszuschöpfen, der dir zur Verfügung steht.

Deine Reserven sind wahrhaft unendlich.

Ja, ja, mir ist schon klar, dass du das bereits weißt!
Die Größe deiner Versorgungsquelle ist nicht das Problem. Das
Problem ist, sie zu finden.

Du weißt, dass es sie gibt, du weißt, dass sie dir gehört, und du
weißt, dass du sie verdienst. Aber wie kommst du an sie heran?
Darin besteht die Herausforderung.

Aha! »Wie?« Hast du gerade gefragt: »Wie?« Ja, hast du.

Oh, mein Liebes, frag niemals nach dem Wie! Denk nie über das
Wie nach; du musst das Wie loslassen. Wenn du über das Wie
nachdenkst, heißt das, dass dein Bewusstsein nicht auf spiritueller
Ebene weilt; es bedeutet, dass du versuchst, Materie zu

manipulieren, und es bedeutet ebenso, dass du noch eine lange, eine sehr, sehr lange Zeit auf der Suche sein wirst.

Halte dich fern vom Wie, mein Herz, und konzentrier dich ganz auf das Was, das Endresultat.

Kapiert?

Ein *Anlagetipp* vom Universum

Bist du um die Jahrtausendwende auf dem Aktienmarkt deinem Bauchgefühl gefolgt? Hast du gehört, was ich dir über großartige Renditen bei Immobilieninvestments erzählt habe? Bist du auch über eine jener winzigen Aktiengesellschaften gestolpert, deren Börsengang aus Kleinaktionären Millionäre gemacht hat?

Puh, ich war vollauf damit beschäftigt, die einmaligen Gelegenheiten an alle zu verteilen, die ich nur erreichen konnte! Es wurde geradezu zum Hobby, um die gähnende Langeweile auszufüllen, der man als Universum ausgesetzt ist.

Doch, ganz ehrlich, du hast nichts versäumt. Die damit verdienten Reichtümer waren nicht mehr als Peanuts im Vergleich zu dem, was ich in meinem Hauptjob anbiete. Bist du bereit für eine echte Chance? Und hast du auch genug Platz für die Erträge? Hast du eben nicht. Aber das ist eins der angenehmeren Probleme.

Gedanken. Genau. Gedanken sind das großartigste Medium, um sich selbst, Familie und Freunde mit Reichtum und Wohlstand überschütten zu lassen – und zwar unabhängig von der Wirtschaftslage.

Gedanken haben ihre eigene Konjunktur, und jetzt ist die optimale Zeit, um von Anfang an dabei zu sein. Mit meinen patentierten Betriebsgeheimnissen kann ich jeden beliebigen alten, unsichtbaren Gedanken von dir in eine Goldmine verwandeln, einen Haufen Geld, eine Quelle des Wohlstands.

Es ist noch nicht zu spät. Du hast das Beste noch vor dir. Investier in Gedanken, folg deinem Bauchgefühl, und genieß das Leben deiner Träume.

Öffentliche Bekanntmachung: Dieses Angebot ist verbindlich. Du gehörst nun zu den Investoren, auch wenn du davon nichts weißt. Alle deine Gedanken werden Realität. Auch Anwälte können dir da nicht helfen. Du musst dich selbst retten; entscheide dich für die guten Gedanken.

Eigentlich geht es nicht *darum,*

dass du an dich glaubst. Viel zu kompliziert. Mit dieser Schwerstarbeit kannst du dich befassen, wenn du gelernt hast, Berge zu versetzen.

Im Augenblick brauchst du nur an mich zu glauben, an die Magie und an das Unsichtbare – und es wird geschehen.

Das Universum

Warte nicht
auf die Gefühle

des Überschwangs, der Zuversicht und der Vorfreude, weil du glaubst, sie würden sich einstellen, sobald dein Leben raketenhaft abgeht, denn dein Leben kann gar nicht raketenhaft abgehen, solange du diese Gefühle des Überschwangs, der Zuversicht und Vorfreude nicht hast.

(Und wenn es nötig ist, dann tu eben so. Spiel sie, täusche sie vor. Also, steh jetzt sofort auf, geh den Flur entlang, lächle, schwenk die Arme über dem Kopf, reck die Fäuste triumphierend gen Himmel, und steck alle mit deiner guten Laune an.)

Hier ein kleiner
Trick,

wie du die Bühne deines Lebens drastisch, fantastisch und vielleicht für immer verändern kannst.

(Falls es das ist, was du willst.)

Schau in eine andere Richtung.

Egal
wie groß

die Versuchung auch ist … (ich meine jene Versuchung, die du in genau diesem Augenblick verspürst), egal wie groß …

STOPP! Hör auf damit, dich immer nur als Mensch zu sehen!

Du bist reine Energie, die ins Unendliche ausstrahlt.

Wenn du
sicher wärst,

dass all deine Träume schon sehr bald erfüllt sind, was würdest du heute tun, um den Weg dafür zu ebnen? (Tu es.)

Wie würdest du dies feiern? (Tu auch dies.)

Wem würdest du davon erzählen? (Schreib demjenigen auf der Stelle eine kurze Mitteilung; du brauchst sie ja noch nicht abzuschicken.)

Würdest du Dankbarkeit empfinden? (Drück sie aus.)

Und wem würdest du schließlich dabei helfen, so wie du voranzukommen? (Hilf ihm oder ihr dabei.)

Das ist nicht
möglich!

Du kannst dein Leben nicht entscheidend verändern, sei es zum
Guten oder zum Schlechten, indem du versuchst, auf die dingliche
Welt einzuwirken. Ob durch härtere Arbeit, längeres Lernen, große
Reden, ob durch intensive Anstrengung oder durch Fasten, es wird
dir um nichts in der Welt gelingen.

Doch eine Veränderung, und zwar eine entscheidende, wird sich
unvermeidlich einstellen, sobald du anfängst, auf die Welt deiner
Gedanken einzuwirken, die noch dazu viel weniger wiegen als
Materie.

So einfach ist das.

Welche *Zeichen*
brauchst du noch,

damit du ernsthaft daran zu glauben beginnst, dass es tatsächlich
ein magisches Universum gibt, das genau in diesem Moment zu
deinen Gunsten arbeitet?

Etwa Zeichen wie deine Fähigkeit, meine Gedanken zu lesen,
genau jetzt, während du diese kleinen schwarzen Schnörkel auf
der Seite entzifferst?

Oder die Tatsache, dass in diesem Moment Milliarden von Atomen
und Zellen fleißig damit beschäftigt sind, dir Form zu geben?

Oder der Umstand, dass dein Herz ungefähr zweiundzwanzig Mal ohne deine bewusste Mithilfe geschlagen hat, seit du diese Seite zu lesen begonnen hast?

Und was ist mit all den glücklichen Zufällen und Zusammen-treffen, die dir zu Freunden verholfen haben, die dich jetzt lieben, und zu aufregenden Erlebnissen mit der Aussicht, von beidem noch mehr zu bekommen?

Und was ist mit dem Zeichen, dass die Sonne heute Morgen aufgegangen ist, um dir einen weiteren Tag im Himmel auf Erden zu ermöglichen?

Halloooo?

Du bist der
Grund,

warum die Sonne heute aufgegangen ist.

Glaub mir.

Es gibt nichts,
worum du *bitten* könntest,

ohne nicht das gesamte Universum in Bewegung zu setzen.

Nichts. Nichts. Nichts.

Moment
mal!

Meinst du, ein besserer Mensch zu sein, würde irgendetwas ändern?

Nein! Du bist jetzt bereits klüger, liebenswürdiger, aufrichtiger, verständnisvoller, ehrgeiziger und auch besser aussehend als 99,99 Prozent der Menschen, die derzeit in Überfluss, Gesundheit und Harmonie leben.

Ob das stimmt? Du weißt, dass es so ist.

Es geht nicht darum, dass du ein besserer Mensch wirst, auch nicht ein wertvollerer. Es geht darum, dass du dir darüber klar wirst, dass du beides bereits bist.

Kannst du dir
vorstellen,

dass es dich verlegen macht, wie viel Reichtum und Überfluss du erlangt hast?

Wie viel Frieden und Harmonie dein Leben durchziehen?

Wie viel Leichtigkeit und Einfachheit in allem ist, was du tust?

Dass du fast das Gefühl hast, du müsstest dich bei all jenen in deinem Umfeld entschuldigen, die diese allen frei zugänglichen

Grundregeln für sich erst noch entdecken und nutzbar machen müssen?

Fang an, es dir vorzustellen.

Gib niemals einen *Traum* auf.

Tu, was du tun musst. Die Ängste, die Schreckgespenster und die Hürden auf deinem Weg sind Teile des Plans, Sprungbretter in ein gelobtes Land. Du bist deinen Träumen so viel näher, als du denkst.

Lass dich von deinen Augen nicht täuschen, denn selbst während du diese Zeilen liest, gelangt ein Schäfchen nach dem anderen für dich ins Trockene.

Ist dir eigentlich *klar,* dass jeder,

ausnahmslos jeder auf diesem Planeten – ob mürrische Büroangestellte, streitende Kinder, launische Ehepartner, Engstirnige oder Extremisten – glaubt, dass er sein Bestes gibt?

Wie kannst du also zu jemandem durchdringen, der glaubt, sein Bestes zu geben?

Wie würde jemand zu dir durchdringen?

Unter *allen*
Menschen

auf der Welt gibt es nicht einen einzigen,
der wertvoller und würdiger ist als du und der mehr geliebt wird.

Lass nicht zu,
dass *jene,*

die mit dir nicht im Einklang sind, dich von jenen ablenken, mit
denen du im Einklang bist.

Was wäre, *wenn*
du in diesem Moment

begreifen würdest, dass du träumst? Träumst, zu Hause zu sein, bei
der Arbeit oder wo auch immer du gerade bist, während du diese
Zeilen liest. Und in diesem sehr real erscheinenden Traum
erkennst du auch, dass es sowohl eine höhere Wirklichkeit gibt,
von der aus du träumst, als auch ein höheres Wesen, nämlich dich.
Dass du aus der Ewigkeit gekommen bist und in die Ewigkeit
zurückkehren wirst und dass in Wahrheit du selbst deine Träume
webst.

Dann wird dir plötzlich klar, dass du aus diesem Traum erst
aufwachen kannst, sobald du dementsprechend lebst und für das

von dir bislang Erschaffene Verantwortung übernimmst und das Zepter in der Hand hältst.

Jaaahaaa!

Und wenn es
doch

einen Weihnachtsmann, einen Osterhasen oder einen Gott gäbe, der jene auswählt, deren Gebete Er erhört, der entscheidet, wem Er welches Schicksal zuteilt, und der darüber richtet, wen Er errettet oder verdammt?

Ja, ja, ich weiß schon!

Jeder könnte den Rest seines Lebens damit verbringen, zu hoffen, zu wünschen und zu bitten – anstatt zu tun, zu sein und zu haben.

Halali-hu-hu!

PS Glaubst du, dass wir nach allem Gesagten dieses Jahr noch Geschenke bekommen werden?

Jawohl,
hier spricht das *Universum,*

und was habe ich doch für fantastische Neuigkeiten!

Ich bin gerade damit fertig geworden, Lotteriegewinne zu verteilen, und habe jetzt noch jede Menge Zeit und Energie und Reichtümer übrig. (Selbst wenn ich dir verriete, wie viel, du würdest es nicht glauben.) Ich will dir erklären, was ich meine.

Würde es dir gefallen, mehr Geld, mehr Zeit und mehr Freunde zu haben? Ja?! Genau daran arbeite ich.

Und nun sage ich dir, was du tun kannst.
Nimm dir heute oder in der kommenden Woche ein wenig Zeit, greif zu Stift und Papier (wenn du willst, kannst du auch den Computer benutzen), und schreib einen Brief an einen Menschen, der weit weg lebt. An jemanden, den du liebst und achtest und dem du die »Neuigkeiten« offenbaren willst. Ich möchte, dass du den Brief so schreibst, als hätten sich deine Wünsche bereits verwirklicht, und ich will, dass du ihm die ganze Geschichte erzählst, von Anfang an. Schreib jede Einzelheit auf. Schildere ihm dein Staunen, auf welch verschlungenen Wegen sich alles entwickelt hat, und beschreib dein Glück, damit er (und ich) deine Gefühle nachempfinden kann. Dann heb den Brief auf, bis du ihn später wirklich einmal brauchst.
Ein Zaubertrick? Genau! Eine machtvolle Demonstration von Gedankenkraft und Vertrauen wird den Verlauf deines Lebens beeinflussen.
Ja! Ja! Ja! Ja! Ja! Ja! Ja!

Je länger der Brief und je ausführlicher die Einzelheiten, desto wirkungsvoller das Ganze.

Dein ergebener Diener

Das Universum

Wie
immer

wird es dann passieren, wenn du es am wenigsten erwartest,
aus einer Richtung, aus der du es am wenigsten erwartest,
und auf eine Art, wie du sie am wenigsten erwartest.

Also grüble nicht darüber nach. Aber du solltest nicht vergessen,
dass es geschehen wird.

Und wenn
es *wahr* wäre,

dass du dir deine Wirklichkeit selbst erschaffst und deine
Gedanken zu den Dingen und Ereignissen in deinem Leben
werden?

Was würdest du dann in den nächsten fünf Minuten anders
machen? Und in den nächsten fünf Tagen?

Hast du
dich *je* gefragt,

ob und wie du dich verändern würdest, wenn einige deiner größten Wunschträume Wirklichkeit geworden sind?

Ob du dich anders verhalten würdest, wenn du bereits ein fantastisches Haus an einem See hättest oder wenn du plötzlich von Scharen von Freunden umgeben wärst, die dich lieben und bewundern?

Du würdest einen Gang runterschalten. Etwa wenn du unterwegs bist, durch dein Viertel gehst, in den Supermarkt oder das Büro – du würdest alles gemächlichen Schrittes tun. Du würdest sogar zu Hause damit anfangen.

Übe dich also in Gelassenheit. Gewöhn dich daran. Und vielleicht solltest du auch anfangen, anderen zuzublinzeln.

Nicht nur die anderen werden deine Ruhe, deine Anmut und deine Selbstsicherheit registrieren, auch ich werde es tun.

Du bist der
Schöpfung

erste und letzte Chance ... du zu sein. So wie du heute bist. Mehr brauchst du nicht zu sein.

Sonn dich darin. Denn es ist mehr als genug.

Jemand
sagte einmal:

»Ohne Fleiß kein Preis.«
Und so wurde es für ihn Wirklichkeit.

Dumm gelaufen, was?

Lass uns so *tun,*
zumindest heute,

und zwar den ganzen Tag lang, bei jedem Gedanken und jeder
Entscheidung, als ob das Leben einfach wäre, als ob alle es gut mit
uns meinten und die Zeit für uns arbeiten würde. Einverstanden?

Und lass uns so tun, als würden wir über alle Maßen geliebt, als
wirke die Magie allein zu unseren Gunsten und als könne uns
ohne unser Zutun niemals etwas verletzen.

In Ordnung?

Und wenn uns dieses Spiel gefällt, dann spielen wir es auch
morgen wieder und dann den nächsten Tag und den übernächsten,
und schon bald wird es kein Spiel mehr sein, denn für uns wird
sich das Leben genau so darstellen. So wie es heute zu dem
geworden ist, was es ist.

Auch Gedanken werden Wirklichkeit.

Rundruf
an alle Abenteurer

Wir unterbrechen mal kurz, um euch daran zu erinnern, dass die Zeit dahineilt. Sekunden, Minuten und Stunden vergehen. Genau hier und heute seid ihr das Kind eurer zukünftigen Tage.

Hallo, Kleines!

Vielen Dank für eure Aufmerksamkeit.

Es genügt nicht,
das *Magische* zu erkennen,

du musst es auch einsetzen. Nimm es in Anspruch. Fordere es heraus. Greif nach den Sternen, denn du kannst sicher sein, dass sich deine Wunschträume verwirklichen.

Verlang, dass sie Wirklichkeit werden. Nicht du bist dem Leben zu Dank verpflichtet. Das Leben ist dir zu Dank verpflichtet. Es existiert nur, weil es dich gibt. Du warst zuerst da.

Lass uns
Doktor spielen:

Ich bin der Arzt.

»Was ist los mit dir, mein Lieber?«

»Manchmal geht es mir nicht gut.«

»Hm, lass dich anschauen. Du siehst gut aus, klingst gut, die
Organe funktionieren. Alles scheint in Ordnung zu sein. Sag mir,
welche Gedanken gingen dir in letzter Zeit durch den Kopf?«

»Die üblichen. Ich versuche, mich nicht unterkriegen zu lassen.
Gedanken, die sich eben jeder so macht. Sich einfach
durchschlagen und überleben.«

»Aha, so wie ich es mir gedacht habe! Du hattest dieselben
Gedanken wie alle anderen, also fühlst du dich auch wie alle
anderen: mies. Ich habe hier einen kleinen Trick für dich.
Hör auf, in allen Dingen einen Sinn zu suchen. Hör auf, streng
logisch vorzugehen. Hör auf zu denken, die Zukunft würde davon
abhängen, was war oder was jetzt ›real‹ zu sein scheint. Diese
Grundfesten deines Lebens sind nur Requisiten, reine Erfindung.
Du bist nicht von der Vergangenheit abhängig, auch nicht von der
Gegenwart oder von der Zukunft – und auch nicht von Logik,
Vernunft oder rationalen Erklärungen. Du bist ein Lichtwesen,
dem alles möglich ist, und gegen diese Wahrheit kann niemand
ankommen.«

Fühlst du dich jetzt besser? Sehr gut.

Dr. Universum

Anlage: ein Rezept

Man sollte
immer

davon ausgehen, dass jeder Mensch entweder die Wahrheit kennt
oder sie erkennen wird, denn jeder kennt entweder die Wahrheit
oder wird sie erkennen.

Logik
wird überschätzt.

Und zwar total.

Es geht auch anders.

Wenn alles
nur Mühe und *Qual* ist,

machst du etwas falsch.

Ich brauch mal
deine *Hilfe.*

Bitte streck deine Hand aus, und betrachte kurz deine Handfläche.
Nun stell dir vor, dass die Miniaturausgabe eines Menschen, den
du liebst, darin behütet und bequem ruht. Fühl, wie Wogen der

Liebe dieses kostbare Wesen umhüllen. Stell dir vor, du könntest sehen, wie sich das Leben dieses geliebten Menschen in deiner Handfläche abspielt, und seine Freude und seine Trauer spüren. Stell dir vor, du könntest seine Gedanken lesen und würdest dir nichts mehr wünschen, als dass seine Träume wahr werden.

Dann lächelst du strahlend, voller Stolz und Freude, weil du weißt, dass dieser Mensch immer geborgen, immer umsorgt, niemals einsam sein wird und er unausweichlich die Erfahrung macht, dass dies so ist. Du lächelst, weil du weißt, dass der Tag seines Erwachens sich schnell nähert und dieser Mensch tiefe Freude und die Verwirklichung seiner kühnsten Träume erlebt.

Gut, das sollte reichen.

Kannst du dir jetzt auch vorstellen, dass ein anderes Wesen dir genau in diesem Moment zulächelt, während sich dein Leben im Schutze seiner Handfläche abspielt?

Mit freundlichen Grüßen
Das Universum

Zu den
vielen Gründen,

warum du jemanden in dein Leben holst … wird niemals gehören, dessen Schwächen herauszufinden.

Gib immer
dein *Bestes.*

Denn wenn du dein Bestes gibst, mag es auch noch so
unbedeutend erscheinen, wird sich alles verändern.

Warst du
schon *dort?*

An jenem Ort stillen Glücks, wo du weißt, dass das, was du tust,
genau richtig ist, wo du dir nicht mehr wünschst, als bereits da ist,
und zwar in perfekter Weise? Wo du das Blau des Himmels siehst,
als wenn du es nie zuvor erblickt hättest, einen Schmetterling
beobachtest, als sei er nur für dich herbeigeflattert, wo du dich so
leicht fühlst, als könntest du schweben? Wo du die Prüfungen und
Leiden der Vergangenheit verstehst und jede einzelne nicht missen
möchtest. Wo du dich so in der Gegenwart geborgen fühlst, dass
dich die Zukunft nicht beunruhigt, wo du weißt, dass für dich
gesorgt ist, dass die Verwirklichung deiner Träume abgemachte
Sache ist und dich das Universum geradezu anbetet, umschwärmt
und sich nichts inniger wünscht, als dich froh zu sehen und dein
Lachen zu hören?

Richtig so, sehr gut, mein Liebling. Genau dort bist du jetzt.

Glaubst du,
dass das Universum

letztlich jene belohnt, die in Armut leben? Glaubst du, dass jene, die sich Tag für Tag im Schweiße ihres Angesichts plagen, um ihr Geld zu verdienen, mehr Chancen haben, den Pokal zu gewinnen, als jene, die kaum einen Finger krumm machen? Schenkt das Universum dargebrachten Opfern besondere Beachtung? Gefällt es ihm, wenn jemand die Bedürfnisse der anderen vor die eigenen stellt? Bevorzugt das Universum jene, die sich bemühen, ein hochgeistiges Leben zu führen?

Ehrlich gesagt, Schatz, das Universum schert sich einen Dreck darum. Es liebt dich, und dabei spielt es keine Rolle, nach welchen Regeln du spielst.

Das nur zum Thema Bedingungslosigkeit.

Es wird Zeit, dass du
die *Wahrheit* erfährst.

Eigentlich hätte man es dir schon vor langer, langer Zeit sagen sollen.

Wie du siehst, ist da etwas schiefgelaufen.

Es ist nie leicht, so etwas zu sagen. Aber, na ja, um es möglichst direkt auszudrücken:

Du bist kein Mensch.

Wahrscheinlich denkst du jetzt, dass ich dich auf den Arm nehmen will. Doch es ist die reine Wahrheit, dass du nichts von einem Menschen hast. Nicht mal ein bisschen. Gar nichts.

Aber bevor du jetzt denkst, dass ich dich zum Affen mache, solltest du verstehen, dass alles seine Sonnenseite hat, und in diesem Fall strahlt sie so, dass es blendet.

Du brauchst dich jetzt auch nicht mehr wie einer zu benehmen.

Halali!

Das Universum

Solange
du fähig bist,

Ärger zu empfinden, musst du noch viel lernen.

Weißt du,
es *funktioniert* immer

nach demselben Muster. Erst muss es auf Gedankenebene passieren. Es geht nicht anders – selbst wenn, ja gerade wenn deine Wünsche äußerlich betrachtet absurd zu sein scheinen.

Jedem fällt es leicht, glückliche Gedanken zu hegen, wenn er glücklich ist, reiche Gedanken, wenn er reich ist, gesunde Gedanken, wenn er gesund ist.

Deine Lebensaufgabe war, die Bühne zu erschaffen, auf der du jetzt stehst, um aus deinem Dornröschenschlaf aufwachen zu können. Um Träume zu haben, die es wert sind, dass du sie verwirklichst, und um mit Leidenschaft auf dein Ziel zuzustreben, trotz der Lebensumstände, in denen du steckst. Um zu lernen, dass du deine Illusionen durchschauen musst, und um zu begreifen, dass deine Träume das sind, was Wirklichkeit werden soll.

Dies ist der Heilige Gral. Deine Suche hat ein Ende. Geh aus der Deckung, tu unaufhörlich dein Bestes, und gib nie auf, unter keinen Umständen. Es gab keine Missgeschicke, du hast keine Fehler gemacht, und alles ist von bestechender Vollkommenheit – du wirst schon sehen.

Weiter so, tapferes Herz.

Kurz davor?
Du bist so *nah* dran,

dass es denen, die das wissen, geradezu weh tut.

Die Ärmsten. Mit angehaltenem Atem winden sie sich in Vorfreude, krümmen sich auf dem Boden, flehen dich an, den Kurs zu halten. Sie können sehen, was noch im Unsichtbaren liegt, sie kennen die Treffen und Zufälle, die momentan anstehen, und sie wissen, wenn du sie auch sehen könntest, wärst du nicht mehr zu stoppen.

Egal was du als Nächstes tust, bitte denk an deine treuen Fans.

Rundruf
an alle Abenteurer

Hast du schon bemerkt, dass manche Engel – wie jene, die mit ihrem Lächeln heilen, die helfen, andere auf den Weg zu bringen, und für die es rote Rosen regnet – tatsächlich Menschengestalt angenommen haben?

Und ist dir auch aufgefallen, dass manche von ihnen gar nicht wissen, dass sie Engel sind?

Pssst! Diese Nachricht wurde nur für dich geschrieben.

Bitte
herhören …

Hier spricht das Universum.

Heute werde ich jeden deiner Gedanken und jedes deiner Gefühle aufzeichnen, wie »gut« oder »böse«, wie großzügig oder kleinlich, wie hilfreich oder schmerzlich sie auch sein mögen. Und alles, was ich aufzeichne, wird für dich so bald wie möglich als physische Manifestationen in Zeit und Raum wieder abgespielt werden.

Vielen Dank, das war's schon.

Deine
Wünsche

sind genau das, was auch das Universum dir wünscht.
Deine Gedanken steuern das Schiff deiner Träume.
Und egal wo du herkommst oder wie schwierig alles war, nur das Hier und Jetzt zählt.

Du bist ewig. Unbesiegbar. Ein Lichtwesen in einem Abenteuer der Spitzenklasse: Freude haben und glücklich sein in einer magischen, unendlichen, liebevollen Wirklichkeit, die unablässig zu deinen Gunsten wirkt und in der sich Gedanken materialisieren, Wünsche wahr werden und alle Dinge auf ewig möglich sind.

Noch Fragen?

Hallo!
Hier spricht das Universum …

meine Güte, ich bin vielleicht urlaubsreif!

Kannst du dir vorstellen, dass du die ganze Welt in deiner Hand hältst? Dass du Geschichte schreibst? Dass du fähig bist, den ewigen Lauf der Welt zu verändern, nur indem du andere Entscheidungen triffst? Ganz schön abgedreht, was? Doch genau so steht es hier in diesem Prospekt. Ich habe es mit eigenen Augen gelesen: »Faszinierend! Berauschend! Die ultimative Reise. Wie Millionen andere mach dich auf zu einem unvergesslichen Abenteuer in den Dschungel von Zeit und Raum, in ein Paradies, wo du über dein Schicksal regierst, wo alles möglich ist und jeder deiner Gedanken alles verändert. Und wo alles so real ist, dass du vielleicht sogar vergisst, wer du bist.«

Genau das Richtige für mich; meine Koffer sind gepackt.

Bleib cool (nur um mal einen Spruch zu klopfen).

Das Universum

PS Lass uns zum Mittagessen treffen.

Kurze Pause!
Kurze *Pause!*

Was meinst du mit: Es sieht nicht so aus, als ob es funktioniert? Du siehst keine Wende in deinem Leben? Es ist mühsam? Autsch!

Natürlich sieht es nicht so aus; natürlich scheint es mühsam zu sein! Schließlich ist das hier ein Abenteuer; du bist der Abenteurer, und Ungewissheit und Rückschläge gehören dazu.
Abgesehen davon, war es nie deine Art, den leichten Weg zu

gehen, und Rückschläge sind nichts weiter als Sprungbretter in großartigere Gefilde.

An dem Tag, an dem dein Schiff im Hafen einläuft, und dem nähert es sich jetzt schnell, wird diese Reise mit ihren Rückschlägen zu deinen liebsten Erinnerungen zählen.

Halte Kurs!

So, nun geh zurück ins Spiel.

Das Universum

PS Herausforderungen? Probleme? Großartig!

Gib.

Quiz

Frage: Wie gewinnt man Liebe, Gesundheit, Überfluss und Erleuchtung?

Antwort: Hör auf zu suchen. Und fang an, das zu sehen, was immer schon da war.

Hier spricht
das *Universum,*

und zur Feier des Tages werde ich dir ein kleines Geheimnis verraten.

Eigentlich hätte ich es dir schon vor Ewigkeiten sagen sollen, aber die meisten »Typen« können mit dieser Art Geheimnis nichts anfangen. Ich bin jedoch zu der Überzeugung gekommen, dass du anders bist.

Es ist das Geheimnis, wie du alles, ausnahmslos alles bekommen kannst, was du willst. Hast du das verstanden? Wie du die Dinge, die Gefühle und die Lebensumstände, von denen du träumst, anziehen kannst wie ein Magnet. So weit klar?

Es erklärt, wieso Meister zu Meistern werden. Und es wird dich endgültig davon überzeugen, dass ich immer zur Stelle bin, um dir zu helfen oder um ein Wunder zu bewirken. Gut?

Übung macht den Meister.

Ja, übe dich. Denn mit ein wenig Übungspraxis wirst du weiter vorankommen, als du es dir je hast vorstellen können.

PS Und nun widersteh der Versuchung, nur zustimmend zu nicken und mit den Achseln zu zucken. Tu was! Visualisiere, versuch es zumindest. Handle vertrauensvoll, wenigstens ein bisschen. Erforsch deine Überzeugungen, zumindest ein bisschen. Stell wenigstens kleine Dinge auf die Beine: einen Anruf, ein Kompliment, ein Blumengeschenk, was auch immer.

Erwarte ein kleines Wunder. Erwarte ein wenig Hilfe.

Erwarte, dass es einfach ist.

Ein kleines
Vögelchen

kam geflogen und zwitscherte mir deinen großen Herzenswunsch zu.

Du lieber Himmel, nein, nicht diesen!

Es sagte, dass du ewig dankbar wärst, wenn du dich niemals wieder um Geld sorgen müsstest.

Nun, ich konnte nicht widerstehen. Der Wunsch sei erfüllt! Du wirst dir garantiert nie wieder Sorgen um Geld machen müssen.

Noch was anderes? War's das schon?

Das Universum

Es ist einfach
unglaublich!

Ist dir eigentlich klar, dass du heute bestimmte Anrufe, Komplimente, E-Mails, Überraschungen, Briefe oder Besucher bekommen oder nicht bekommen kannst? Ist dir klar, dass du heute entweder gute oder schlechte Neuigkeiten erfahren oder nicht erfahren kannst? Ist dir klar, dass du heute bestimmte Herausforderungen, Triumphe, Probleme oder Siege erleben oder nicht erleben kannst?

Und wenn man dann bedenkt, dass allein du derjenige bist, der darüber entscheidet.

Beeindruckend.

Du solltest nett zu dir sein.

Und am *Freitag*
sagte das Universum:

»Hallihallo! Nun ist es an der Zeit, Spaß zu haben.«

Daraufhin erfand es die Vorstellungskraft, und die Engel schnappten nach Luft. Denn es war klar, dass die Zügel der Macht in Zeit und Raum an jene übergingen, die mit dieser Gabe beschenkt wurden, und dass man es ihnen selbst überließ, sie zu entdecken.

Und das war gut so.

Herzlichen Glückwunsch zu diesem großen Tag!

PS Und als die Engel sich schnell versammelten, habe ich dich in ihren Reihen gesehen.

Die internationale *Beratungsstelle* für Abenteurer warnt:

Trau niemals Tatsachen!!! Sie scheinen zwar logisch und in sich schlüssig zu sein, aber sie sind möglicherweise die Wurzel allen Übels (falls du an das Böse glaubst). Hier sind zwei Vorsichtsmaßnahmen, die dir dabei helfen, dich aus Schwierigkeiten rauszuhalten:

Erstens, erwarte von Tatsachen niemals Antworten.

Zweitens, plane dein Leben nie auf der Basis von Tatsachen.

Tatsachen tarnen sich als Realität, während sie in Wirklichkeit (o weh!) kaum mehr sind als verblendete kollektive Überzeugungen. Böse »Tatsachen«!

Ignoriere sie einfach, und sie werden verschwinden.

Du willst *mehr,* und das ist gut so,

sogar sehr gut. Mehr Geld, mehr Liebe, mehr Energie, mehr Lachen.

Ich sage dir, wie du das erreichen kannst: Erinnere dich einfach daran, dass dich nur eine Gedankenbreite von all diesen »Dingen« trennt. Es liegen also weder eine Karriere noch eine Jahresfrist, weder ein Glücksfall noch eine Beziehung dazwischen. Alles ist nur einen Gedankengang weit entfernt.

Verstanden?

Und jetzt denke bitte diesen Gedanken.

Wenn du
einen *Menschen* verstehst,

zutiefst verstehst, egal wer, dann musst du ihn einfach lieben, selbst wenn du nicht alles, was er tut, billigst.

Du wusstest das?

Na gut. Aber genauso wahr ist: Wenn du für einen Menschen, egal wer, nicht die geringste Liebe empfindest, dann liegt es daran, dass du ihn nicht wirklich verstehst.

(O nein, weder musst du mögen, was dieser Mensch tut, noch bist du »verpflichtet«, immer bei ihm zu bleiben. Das musst du auseinanderhalten.)

Kannst du dir vorstellen,
dass du

das Leben einer Vielzahl von Menschen berührt hast, dass es überall Menschen gibt, die sich bis ans Ende ihrer Tage an dich erinnern werden?

Kannst du dir vorstellen, dass du die Welt tatsächlich zu einem besseren Ort gemacht hast? Kannst du dir vorstellen, dass alle Engel deinen Namen kennen?

Das alles ist dir gelungen. Du hast etwas vollbracht. Dein Name ist in aller Munde.

Allmächtiger, was wirst du als Nächstes tun?

Einer deiner vielen Fans

Das Universum

PS Und dabei bist du noch so jung!

Was
bringt es,

genau zu wissen, wo der Schatz liegt, aber nie danach zu graben? Ein Bankkonto zu haben, auf dem Millionen liegen, von dem man aber nie etwas abhebt?

Oder den Jungbrunnen zu entdecken und nie einen Tropfen daraus zu trinken?

Du musst die Wahrheiten, die du entdeckst, auch leben. Du musst mit den alten Verhaltensweisen brechen, der Logik trotzen, Veränderung zulassen.
Fang an zu graben, setz Geld ein, und nimm einen Schluck – immer einen Schritt nach dem nächsten.

Tut mir leid, aber einen anderen Weg gibt es nicht.

Halali!

Das Universum

PS Natürlich kannst du um Hilfe bitten.

Stell dir vor,
du sitzt vor dem *Fernseher*

und siehst einen Schäferhund am Strand, der einen Tennisball im Maul hält. Plötzlich wirft der Hund diesen Ball mit einer leichten Bewegung des Kopfes zielsicher seinem Herrchen zu, das dreißig Meter entfernt von ihm steht. Oder du schaust dir eine Sendung an, in der ein Ferrari mit 230 Sachen auf eine Gruppe von Menschen zurast, die mitten auf der Straße stehen, Kaviar löffeln und Schampus trinken, und im letzten Moment bremst der Sportwagen scharf ab und bleibt nur um Haaresbreite vor den Leuten stehen, und keiner zuckt auch nur mit der Wimper.

Übrigens, was für Fernsehprogramme siehst du dir eigentlich an?

Dein Gehirn möchte sagen: »Das kann nicht sein«, denn das Gesehene widerspricht der Logik und der physischen Wahrnehmung, doch die Macher dieser Filme ziehen dich in ihren Bann. Sie sind an keine Regeln gebunden und sind so frei, Filme rückwärts abzuspielen, und du merkst es nicht einmal.

Mit dem Universum ist es dasselbe. Seine Trumpfkarte ist das Inszenieren einer latenten Wirklichkeit, die sich der Logik und der physischen Wahrnehmung entzieht.

Es ist so, als würde auch das Universum rückwärts arbeiten. Du denkst an das Resultat, an das, was in deinem Leben geschehen soll, und dann arbeitet das Universum rückwärts und synchronisiert das Leben, von dem du träumst, mit deinem momentanen Leben. Es verknüpft Menschen, Orte und Ereignisse, damit das »Unmögliche« möglich wird.

So funktioniert das Leben.

Vertrau dem Universum; es weiß, wie's geht. Binde ihm nicht die Hände mit Logik, Ängsten oder einschränkenden Überzeugungen. Vielleicht könnte der Oscar für die besten Spezialeffekte im nächsten Jahr an dich gehen.

Was auch
in deinem *Leben* passiert,

begegne ihm mit Wertschätzung.

Deine *Quelle* ist
das Universum,

und sie ist unerschöpflich.

Weißt
du eigentlich,

warum ich dich so liebe?

Der Grund ist folgender: Wenn du nicht genau der Mensch wärst, der du jetzt bist, mit allem, was du durchgemacht hast, dann wäre auch ich nicht der, der ich heute bin. Und Worte können nicht beschreiben, wie viel mehr ich bin, nur weil du so bist, wie du jetzt bist.

Oh, ist das aufregend!
Wundere dich über gar nichts mehr.
Dein dankbarer Gefährte bei deinem Abenteuer

Das Universum

Was, wenn es nur
dich gäbe

und der Rest der Welt nichts als Schein wäre, nur Einbildung?
Wenn auch die Mitmenschen nur aufgrund deiner Gedanken in
dein Leben hineingezogen oder daraus ausgeblendet würden?

Würde es dir dann leichter fallen, die wahre Bedeutung von
»unendlich« zu begreifen? Würdest du dann glauben, dass du
allein deine Wirklichkeit erschaffst?

Mein liebstes Herz, der Rest der Welt ist nur Schein, Einbildung.
Und alle Menschen in deinem Leben befinden sich darin oder
verschwinden daraus allein aufgrund deiner Gedanken.

Na, das war doch einfach!

Und immer wieder ein Halali!

Der wahre *Grund*
für deine Entscheidung,

hier zu sein – der Auftrag und das Ziel deines Lebens –, bestand
darin, einfach die Person zu sein, die du jetzt bist.

Ein guter Grund.

Es tut gar nicht gut,
erst zu *erklären,*

dass man etwas will, und sich dann »vorsichtshalber« darauf einzustellen, ohne das auszukommen.

Brich die Brücken hinter dir ab.

Das einzig Schwierige
an der *Fantasie*

ist, daran zu denken, sie auch zu gebrauchen.

Das solltest du dir jeden Tag vor Augen halten.

Es ist der *Hunger*
nach Anerkennung,

Wertschätzung und Bestätigung von außen,
der dich nicht sehen lässt,
dass es keine Dinge sind, die man sich verdienen muss.

Du bist
nicht »hier«,

um ein guter, ein besserer, ein perfekter Mensch zu sein, um etwas Bestimmtes zu vollbringen, die Welt oder andere zu retten, etwas zu beweisen oder irgendetwas anderes zu sein – als du selbst.

Das ist alles, woran du arbeiten musst. Das ist alles, was du tun kannst. Doch indem du dies tust, werden alle anderen Dinge von selbst geschehen.

Hier ein kleiner
Workshop,

wie man ausnahmslos alles Wirklichkeit werden lässt:

1. Bitte darum, einmal.

2. Sag danke, häufig.

Ende des Workshops.

Spitze!
Glückwunsch! Weiter so!

Gerade habe ich etwas über dich in der Universumszeitung gelesen. Die Universumszeitung! Ja, da warst du, mit Bild und Text: »... diesem beispielhaften Lichtwesen, das auf dem Planeten Erde wohnt, ist die Hochgeheime Ehrenmedaille für den tapferen Mut verliehen worden, mit dem es die Illusionen von Zeit und Raum durchschaut hat!« – und ich sagte zu mir: Dieses Lichtwesen kenne ich doch!

Das ist beileibe keine Kleinigkeit. Das ist was ganz Besonderes. Obwohl »Zeit und Raum« eine der eher einfacheren Lehranstalten ist, bietet sie immer noch das verführerischste Abenteuer, das man sich vorstellen kann.
So ist es nur den Allermutigsten gestattet mitzumachen. Und von diesen begreifen nur ganz wenige jemals, dass alles Täuschung ist, dass sie ihr Schicksal selbst bestimmen und dass ein Leben von heute auf morgen eine komplett neue Richtung nehmen kann, obwohl alle Fakten dagegensprechen. Und unter diesen Leuten dann die Wenigen, die den Hochgeheim-Orden verliehen bekommen!

Ich sage dir, du bist außergewöhnlich, und es wird langsam Zeit, dass du die Anerkennung erhältst, die du verdienst. Aber es gibt einen Grund, warum das »hochgeheim« ist. Denn solltest du diese Neuigkeit Normalsterblichen verkünden ... lass uns darüber lieber nicht nachdenken.

Schschschhh.

Halali!

Das Universum

PS Du hast umwerfend ausgesehen in Weiß, aber was sollte der
Hut mit den Federn?

PPS Also, vergiss nicht, warum du ausgezeichnet wurdest.

Unter allen *Freuden*
auf Erden

gleicht nichts dem Hochgefühl, wenn alle Widrigkeiten
überwunden sind, Erfolg im Angesicht der Gefahr erreicht ist oder
ein Missgeschick ausgeräumt wurde.

Stimmst du mir zu?

Doch in jedem Fall waren die Schwierigkeiten, die Gefahr, das
Missgeschick zuerst dran.

Fühlst du dich nun auserwählt?

Nur zur
Erinnerung,

falls du es vergessen oder falsch verstanden hast oder es noch nie wusstest:

Es gibt nichts, was du nicht haben kannst.

Es gibt nichts, was du nicht tun kannst.

Es gibt nichts, was du nicht sein kannst.

Alles klar?

Und wenn *alle*
Menschen

in deinem Leben, jeder Einzelne von ihnen, selbst die lästigen, womöglich darum gebeten hätten, Teil deines Lebens zu sein, damit dein Licht ihren Weg erleuchten möge?

Sei
du selbst.

Nicht der, der du sein sollst, sondern der, der du sein willst. Nicht den Vorstellungen anderer folgend, sondern deinem eigenen Weg. Und alles andere wird sich von selbst ergeben.

Ist dir
eigentlich *klar,*

dass du jedes Mal, wenn du irgendjemandem irgendetwas gegeben hast, es der ganzen Welt gegeben hast?

Und ist dir klar, dass du mit jedem Weg, den du gegangen bist, jedem Stein, den du umgedreht hast, und jeder Tür, an die du geklopft hast, du dies für alle getan hast?

Und ist dir letztendlich klar, dass du jedes Mal, wenn du in irgendeiner Weise Liebe empfunden hast, du unwiderruflich den ganzen Planeten näher ans Licht gehoben hast?

Danke von uns allen.

Heute
wirst du herausgefordert.

Von der großen Illusion. Du fühlst dich versucht, in Zeit, Raum und all den materiellen Dingen nach Erkenntnis zu suchen, deinen Platz in der Welt zu bestimmen und Entscheidungen über dein Leben zu treffen.

Kämpf dagegen an.

Richte deine Aufmerksamkeit nach innen.

Denk an das Magische.

Folgende
Sache:

Es – was »es« auch immer für dich bedeuten mag, etwa
Beziehungen, Geld, gutes Leben – wird niemals einfach sein, bis
du anfängst, dir »es« als einfach vorzustellen.

Peng!

Das Universum

Du hast deine
Wunschträume gewählt

um der Reisen willen, die für ihre Verwirklichung erforderlich
sind, und als du sie gewählt hast, war dir klar, dass dir auf deinem
Weg Hindernisse, Holzköpfe und schwarze Tage begegnen
würden. Sie gehören unverzichtbar zu deinem Weg, und sie
verschwinden nicht von selbst.

Wenn du also der nächsten Herausforderung gegenüberstehst,
heiße sie willkommen. Reck dich empor, weich nicht zurück.
Betrachte sie als Trittstein, nicht als Mauer; als Tal, nicht als
Abgrund. Und während du eine Herausforderung nach der
anderen meisterst, wird die Reise unversehens vollendet sein, und
die Freude, dass sich dein Wunschtraum erfüllt hat, wird der
Befriedigung weichen, dass du durchgehalten, die Widrigkeiten
bezwungen und den Durchbruch geschafft hast.

Meinst du nicht auch, dass es genau diese Zeit inmitten deines Abenteuers ist, die dir später am meisten bedeuten wird, wenn deine Träume einmal wahr geworden sind?

Genieße sie.

Du bist
bereit.

Behandle
heute jeden

genau so, wie du ihn behandeln würdest, wenn du bereits »angekommen« wärst, denn durch seine Augen beobachtet dich das Universum. Es wartet auf Hinweise, da es die Farbpalette für jeden Augenblick der Zeit mischt.

Da DAM Da Daa Da DAM Da Daa …

Ist dir eigentlich klar,
dass für *jeden*

deiner Wunschträume, der in Erfüllung geht, die Wunscherfüllung anderer Leute rasant vorwärtskommt? Und zwar nicht indirekt, sondern ganz direkt. Von deinem Partner, deinen Familienangehörigen, deinen Kollegen, deinen Lieferanten, deinem

Architekten, deinem Verleger und vielen anderen mehr. Selbst von Menschen, die du noch gar nicht kennst. Und während die Erfüllung ihrer Wunschträume Fortschritte macht, werden wiederum die Wunschträume von deren Bekannten vorangetrieben und dann die Wunschträume von deren Bekannten und wiederum von deren Bekannten und so weiter und so fort.

Wirklich bemerkenswert dabei ist, dass sie alle in ihrem tiefsten Innern dies schon im Voraus wussten und sie alle dich kennen. In der Tat ist es so, dass jedes Mal, wenn du einen Wunschtraum hast und dein Leben danach ausrichtest, all die Menschen auf telepathische Weise herbeigerufen werden, deren eigene Träume mit deinen verbunden sind und diese ergänzen. Es werden Bündnisse gebildet, Abkommen geschlossen und zeitliche Zusammentreffen geplant. Die Chancen wachsen exponentiell, und die Risiken werden minimiert (falls du zu denen gehörst, die Chancen und Risiken gegeneinander abwägen). Und du wirst immer stärker und immer schneller angeschoben, sowohl durch ihre Energie als auch durch deine eigene.

Genaugenommen hat man mich gebeten, dir diese Botschaft im Namen all jener zu schreiben, deren Leben durch die Erfüllung deiner Träume dramatisch vorangetrieben wird. Die sozusagen dein Team sind.

Wie lange
soll es *noch* dauern,

bis du in dem Bewusstsein schwelgst, dass du allen Ansprüchen genügst, dass du genug getan hast und dass du jetzt würdig bist, die größten Wünsche deines Herzens erfüllt zu bekommen?

Was muss noch geschehen, damit du dir dies gönnst?

Das war's schon. Ging mir gerade so durch den Kopf. Lass dir Zeit.

Man ist schnell
geneigt,

in Anbetracht der eigenen gegenwärtigen Lebenssituation – der einem Nahestehenden, des Arbeitsplatzes, der Dinge, die man hat und nicht hat – zu denken: »Das war mir offensichtlich bestimmt. Es hat seinen Grund, dass ich hier bin.« Und in gewisser Hinsicht magst du recht haben. Doch eigentlich bist du dort, wo du bist, aufgrund der Gedanken, die du gedacht hast (und vielleicht immer noch denkst), und du bist dort, wo du bist, um zu lernen, dass so das Leben funktioniert – und NICHT, weil es dir bestimmt war.

Beraub dich nicht wegen irgendeiner mysteriösen Logik deiner Kraft. Das Morgen ist ein unbeschriebenes Blatt, soweit es Menschen, Arbeit und Freizeit betrifft. Und obwohl auch das Morgen dein Werk sein wird, wirst du dennoch wieder das Gefühl haben, dass es dir vorbestimmt war, wen oder was du in dein Leben gezogen hast.

Nichts ist vorherbestimmt, abgesehen von deiner Freiheit, eine Wahl zu treffen, und deiner Macht, schöpferisch zu gestalten.

Greif nach den Sternen, und sei glücklich.

Weißt du, was
passiert,

kurz bevor etwas wirklich Unglaubliches geschieht, das dir schier das Gehirn rauspustet? Kurz bevor ein wirklich großer Traum in Erfüllung geht?

Weißt du es?

Nichts.

Nichts passiert. Zumindest nicht in der physischen Welt.

Wenn es also womöglich in diesem Moment so aussieht, als ob absolut nichts in deinem Leben passieren würde, dann sieh darin ein Zeichen.

Ich bitte um
Aufmerksamkeit …

Hier … spricht das Universum:

Würden bitte diejenigen, die sich für ein Haus am See, mehr Freunde und ein paar Millionen auf dem Konto interessieren, mal genauere Angaben machen. Welcher See, was für Freunde und in welchem Zeitrahmen?

Hallo?

Details! Wenn die Leute keine Ahnung haben, was sie wollen, woher soll ich es dann wissen?

An deiner
Stelle

hätte keiner mehr erreichen können als du, bedenkt man, wo du angefangen hast, womit du angefangen hast und was du durchgemacht hast. Keiner.

Bist du nicht doch stolz und froh, dass es nicht leichter war?

Kannst du dir
die *Freude* vorstellen,

den Frieden, das Gefühl vollkommener Zufriedenheit?
Die Harmonie, die Liebe, und wie du vor Lachen Seitenstechen bekommst?
Kannst du dir den reichen Profit vorstellen?

Sehr gut, denn es gibt nichts, was Berge, Menschen und Bankkonten besser wachsen lässt als die Vorstellungskraft.

Klingeling!

Stell dir vor,
du würdest *schlagartig,*

blitzschnell »es« begriffen haben. Und neben anderen Dingen würdest du nun plötzlich zweifelsfrei erkennen, welch schöpferische Kraft in deinen Worten liegt.
Glaubst du, du würdest jemals wieder so etwas sagen wie: »Es ist schwierig«, »Das funktioniert nicht«, »Mit mir stimmt etwas nicht« oder »Ich weiß nicht«?

Niemals. So etwas würdest du nie mehr sagen, nie wieder.

Ist es nicht
seltsam,

dass die Leute sich die Menschen in ihrem Leben, ob am Arbeitsplatz, zu Hause oder in der Freizeit, nicht danach aussuchen, ob sie vollkommen sind, sondern um Freude zu haben, um von ihnen zu lernen und sich weiterzuentwickeln? Doch kaum betreten diese anderen den Schauplatz, ist man oft unzufrieden, weil sie nicht vollkommen sind.

Habe ich da irgendetwas nicht kapiert?

Hier spricht das
Universum,

und die Neuigkeiten, die ich für dich habe, sind »relativ« gut.

Die gute Nachricht bezieht sich auf die Dinge, die du dir
wünschst – du weißt schon: Reichtum, Überfluss, Freunde, gute
Laune, und hast du nicht auch mal von einem märchenhaften
Haus am See gesprochen? Also, das alles ist schon erledigt. Hurra!

Dein brennendes Verlangen, die tiefe Sehnsucht, die du
empfunden hast, die hochgesteckten Wünsche, dein stilles
Begehren nach diesen und jenen Dingen haben tatsächlich diese
Welt erschaffen – in einer anderen Dimension.

(Deshalb das einschränkende »relativ«.)

Ich kann dort dein mögliches Leben sehen, wie du in Luxus
schwelgst, vor dich hin kicherst und dann wieder losbrüllst vor
Lachen, wie du Luftsprünge machst, den Freunden zuwinkst,
deren neidische Gesichter alle Schattierungen von Grün zeigen. Du
scheinst vor Glück fast zu platzen.

Allerdings sieht es so aus, als habe dich dein Wünschen und
Sehnen von dieser Realität entfernt, die du geschaffen hast. Weißt
du, Gedanken wie »Ich will, ich will unbedingt, lieber Gott, ich
will so sehr …« werden vom Universum, also von mir, verstanden
als »Ich habe nicht, ich habe überhaupt nicht, lieber Gott, ich habe
ganz und gar nicht …«, und diese Gedanken materialisieren sich,
wie alle Gedanken es tun, und zementieren damit den Mangel.

Wenn du von dem »relativ« genug hast, wirst du es mit Folgendem ruck, zuck los: Fang an mit einem »Danke, danke, lieber Gott, danke ...«, und verhalte dich entsprechend.

Genehmige dir doch noch einen Luftsprung!

Das Universum

Hurra,
hurra, hurra!

Hast du dir eine Blütenknospe einmal genau angesehen?
Wie bezaubernd sie ist, etwas ganz Besonderes und Einzigartiges.
Kaum zu glauben, zu welch größerer Pracht und Herrlichkeit sie sich noch entfalten wird. Sie weiß gar nicht, wie sehr sie die Welt künftig bereichert.

An solch eine Knospe erinnerst du mich.

Das Universum

Es ist die Stärke
deines *Vertrauens,*

des Glaubens an wohlgesinnte Mächte und verborgene Ereignisse, die das Magische entweder im großen Stil oder nur scheibchenweise herbeiruft.
Peil den großen Wurf an, das kostet dich auch nicht mehr.

Spürst
du,

wie dein Herz schlägt?

Es schlägt heute im Dreivierteltakt.
Nur zu, fühl es, jetzt gleich.

Es sagt: »Hab ~ dich ~ lieb!«
Und das tut es.

Glaubst
du,

dass das Universum danach strebt, dich auf den Thron zu setzen?

Nun, das tut es nicht.

Denn, Eure Hoheit, diese Zeremonie hat schon längstens
stattgefunden.

Halali!

Gute
Nachrichten!

Dank deines tapferen Aufenthalts in Zeit und Raum, einem oft fordernden und manchmal sogar furchterregenden Schauplatz, hast du dich bereits für die Platinausgabe der Universumshilfe qualifiziert.

Wie keine andere deckt diese Police einen Riesenbereich ab. Als Zeit/Raum-Abenteurer stehen dir unsere unerschöpflichen Ressourcen, subtilen Wirkprinzipien und Billionen Jahre an Erfahrung sowie unser Elan und Organisationstalent zur Verfügung.

Wir können jedes Problem lösen, bei jeder Krise eingreifen und dich mühelos von einem Moment auf den nächsten in einen Freudentaumel versetzen. Und das Beste daran: Diese Police ist kostenfrei, ewig und unwiderruflich. Genaugenommen könntest du das Haus nicht ohne sie verlassen, selbst wenn du es wolltest.

Um deine Police zu aktivieren, brauchst du lediglich danke zu sagen. Im Voraus dafür danken, dass die Hilfe, die du brauchst, dir bereits zuteilgeworden ist.

Bitte nimm die Einladung an, und genieß diese Privilegien, die dir in so reichem Maß zukommen.

Du *brauchst*
nichts anderes zu tun,

als zu sein. Du selbst zu sein.

Du musst nichts beweisen. Und du musst keinem einen Gefallen tun, der nicht sowieso schon vor Freude über dein Tun und Lassen außer Rand und Band ist.

Jemand ganz
Tolles,

etwas Geschmackvolles und ein wunderbarer Ort – all das steht auf der Liste. Du musst dich nur entscheiden und deine Bestellung aufgeben.

Und wenn du erst mal auf die Dessertkarte schaust …

Das *Universum* weiß,
wie es geht.

Hier ein Rat
auf einem *Papierfragment,*

das von einem bisher unentdeckten, in den Tiefen einer Berghöhle
der Pyrenäen verborgenen Manuskript stammt:

»Stell Gefühl über Logik, Abenteuer über Perfektion, das Hier über
das Dort, das Jetzt über das Später, vor allem setz auf die Liebe,
Liebe, Liebe.«

Darin hieß es auch noch: »Du bist super«, aber das hättest du mir
nie geglaubt.

Es ist völlig in *Ordnung,*
materielle Dinge zu lieben.

Materie ist reiner Geist, eben nur dichter.

Frage:
Was wäre *notwendig,*

was müsste gegenwärtig in deinem Leben geschehen, damit du dir
gestattest, dich zurückzulehnen, zu entspannen und einfach zu
genießen?

Antwort: Worum es sich auch immer handeln mag, du wirst es um
vieles schneller erreichen, verdienen, bekommen oder erfahren,

wenn du dich als Erstes zurücklehnst, entspannst und einfach genießt.

Leicht genug?

Du kannst dir gar nicht
vorstellen,

was manche Leute sich zu wünschen meinen.

Gerade neulich bat jemand um ein Lama.

Nichts gegen Lamas. Ich habe selbst ein paar, doch das Lama, das er sich wünschte, sollte ihm bei seinen Geschäften helfen und Lasten über die Berge schleppen; darin sind Lamas ja ziemlich gut.

Und warum, meinst du, hat er nicht einfach um einen Lieferwagen gebeten?

Glaub mir, er hätte um einen Lieferwagen bitten können, und er wäre damit bei weitem glücklicher gewesen.

So ... Ich muss jetzt zum Basar. Solltest du in der Zwischenzeit irgendetwas brauchen, dann sieh zu, dass du das erbittest, was du wirklich willst.

Es *klopft* ...
Wer da?

Ich bin's, das Universum. Mir ist gerüchteweise etwas zu Ohren gekommen.

Da scheint jemand auf der Erde um ein fantastisches Haus auf dem Land zu bitten!!! Na, das wäre doch eine gute Sache! Kennst du so jemanden?

Das dachte ich mir. Nun rate mal.

Ich habe eins, und es ist lieferfertig!

Könntest du mir einen kleinen Gefallen tun?

Würdest du den Betreffenden sagen, dass sie nur eines machen müssen, um das Haus von hier zu sich zu versetzen: ihre Augen schließen, bis drei zählen, tief durchatmen und sich dafür bedanken, dass es bereits in ihrem Leben ist, und dann darauf zugehen.

Nein, nein. Einiges davon ist frei erfunden, aber ebenso frei erfunden ist deren fantastisches Haus auf dem Land – bis sie aufhören, nur zu bitten, und damit anfangen, sich zu bedanken und darauf zuzugehen.

Halali!

Das Universum

Manchmal
fragst du dich,

ob du auf dem richtigen Dampfer bist, ob alles tatsächlich nur aus deinem Innern kommt, ob »es« wirklich funktioniert. Doch wenn du solche Fragen stellst, stoppst du ein ganzes Universum, das niemals auch nur einen Hauch von Zweifel hegte und das weiterhin bereit ist, dir alles frei Haus zu liefern.

Grenzen
gelten für die,

die nicht an das Universum glauben.

Du … ja, du
mit dem *Buch* in der Hand …

du bist ausgesandt worden, um Veränderungen zu bewirken, eine Brücke zu sein, den Weg zu erleuchten, indem du die Wahrheiten lebst, die dir offenbart wurden, so dass andere deinem Beispiel folgen können.

Weißt du jetzt, warum du die Welt immer so viel klarer gesehen hast als andere?

Um zu helfen.

Das Geheimnis,
wie man *reich* wird,

liegt darin, zu wissen, dass man es bereits ist, und sich entsprechend zu verhalten.

PS Liebling, erstens musst du mir erzählen, wer dein Vermögen verwaltet. Und zweitens diese Juwelen! Sind die echt?

(Antwort: 1. Das Universum. 2. Echter geht's nicht.)

Wenn du nur sehen könntest,
wie das wahre *Leben*

ist … du würdest wahrscheinlich in Ohnmacht fallen.

Weil die Dinge genau so aussehen, wie sie sich dir hier und heute präsentieren, und du würdest feststellen, dass du genau dort stehst, wo du sein sollst – in einem Abenteuer, das nie endet.

Hast du dich je
gefragt,

wie viele Engel dir zur Seite stehen?

Alle
Sie können gar nicht anders.

Wenn du *innehältst*
und darüber nachdenkst,

dass Gedanken sich materialisieren, Realität werden, bedingungs-
los, ausnahmslos, egal was, egal von wem, und wenn du begreifst,
dass dies ein unwandelbares Gesetz ist, das das ganze Universum
zu deinen Gunsten in Schwung bringt – kommen dir da nicht die
Tränen angesichts all derer, die immer noch nach Antworten .
suchen?

Mir auch.

Betrachte jeden
Menschen

auf diesem Planeten, wirklich jeden, als deinen besonderen
Freund …

Und genau das wird jeder Einzelne sein.

Dong!

Wenn das Universum
plötzlich

in Gestalt eines weisen, alten, gütigen Messias mit einer strahlend
weißen Aura vor dir erschiene und für dich einen wasserdichten
Plan hätte, der garantierte, dass deine Träume Wirklichkeit
werden, der aber erforderte, dass du dich von allen weltlichen
Besitztümern trennst, dir den Kopf kahl scherst, dich auf ein
Nagelbett legst, täglich drei Stunden dafür aufbringst, deinen Geist
zu schulen, und es mindestens zwei Jahre dauert, bevor du die
ersten Veränderungen wahrnehmen kannst. Würdest du dich dann
nach diesem Plan richten? Würdest du diesem Plan folgen, wenn
alle deine Träume dann wahr werden?

Hast du ja gesagt? Ich weiß, dass du ja gesagt hast.

Und wenn nun das Universum plötzlich auf den Seiten dieses
Buches vor dir erschiene, zu deinem Herzen spräche und erklärte,
dass du, um das Leben deiner Träume binnen eines Jahres oder
weniger beginnen zu können, nichts anderes zu tun brauchtest, als
dir das Leben deiner Träume vorzustellen (visualisiere jeden Tag
für fünf Minuten),
dich im Einklang mit dem Leben deiner Träume zu bewegen (mit
einem symbolischen Akt der Vertrauensbezeugung, der einmal
täglich zu vollziehen ist)
und dir deine Ängste ehrlich einzugestehen,
würdest du das wenigstens versuchen?

Hmmm!

Wenn Visualisieren ausgesprochen schwierig wäre, dann würden die Leute es vielleicht tun. O ja, sie würden einen Verein gründen, Posten verteilen und Veranstaltungsräume anmieten.

Ärger verschließt den *Geist*

und lässt das Herz erkalten, und gerade dann, wenn beide am dringendsten gebraucht werden.

Wenn du deine physischen *Sinne* benutzt,

um deine Möglichkeiten einzuschätzen, dann ist es, als würdest du beim Autofahren in den Rückspiegel schauen. Besonders schnell kommst du so nicht voran, es sei denn, du willst rückwärtsfahren.

Die physischen Sinne zeigen meist, was gewesen ist, nicht das, was sein wird. Wenn du nach Orientierung suchst, geh nach innen. Zu deinen Gefühlen, zu deinem Herzen und, am wichtigsten, zu deinen Träumen.

Obwohl ich zugeben muss, im Spiegel schaust du hinreißend aus.

Um besser
zu *verstehen,*

wer du wirklich bist, musst du zuerst verstehen, warum du willst, was du willst, und dabei zu jenen Gefühlen vordringen, nach denen du dich sehnst.

Geh noch tiefer, und frag dich, warum du glaubst, diese Gefühle jetzt noch nicht empfinden zu können.

Verständnis ...

ist das Elixier des Lebens.

Ist dir
klar,

dass das Universum nicht mehr haben, mehr tun und mehr sein kann – es sei denn, du hast, tust und bist mehr?

Und du willst alles.

(So ist es doch, oder?)

Das
Gute

am Schlechten ist, dass es Platz schafft für noch Besseres.

Weißt du,
warum du bist, wer du bist?

Weil kein anderer es sein könnte.

Wenn Zeit
und Raum nur *Illusion* sind …

würde das nicht bedeuten, dass du »von« einem Ort kommst und »an« einem Ort lebst, der »vor« beiden existierte?

Würde das nicht bedeuten, dass du in Wirklichkeit überall bist, immer?

Und genau das bedeutet es, und du bist …
unendlich, wie du es dir in deinen wildesten Träumen nicht hättest ausmalen können.

Natürlich

ist das »Hier und Jetzt« das Einzige, das wirklich zählt, doch Gewohnheiten sind zäh, deshalb Folgendes. Angesichts der Tatsache, dass du ein *ewiges Wesen* bist, hoffe ich inständig, dass du mindestens genau so viel Zeit darauf verwendest, nach vorn zu blicken, wie nach hinten zu schauen.

Denn es ist nun mal so, dass »ewig« bedeutet: Es liegt noch unendlich viel vor dir, auf das du dich freuen kannst.

Was du *bekommen* hast, musst du auch einsetzen.

Talent, Klugheit, Herz. Instinkt, Bauchgefühl, Emotionen. Geld, Gesundheit, Freundschaften. Zeit, Raum, Dinge.

Wenn du das nicht tust, warum solltest du dann mehr bekommen?

Du bist super.

Das Universum

Es ist,
als hättest du *gewonnen*

in der »Lebe das vollkommene Leben deiner Träume«-Lotterie des Universums, und das vor langer, sogar vor sehr langer Zeit. Doch statt deinen Gewinnschein endlich mal anzuschauen, kaufst du immer wieder neue Lose und hoffst und wünschst und betest.

Alles, was du *tun*
musst,

hast du bereits getan.

Immer

ist das, was du am dringendsten brauchst, bereits zur Stelle.

Nur dein unablässiges Suchen und dein Glaube, dass es nicht da ist, machen es unsichtbar.

Deine
»Probleme«

sind nichts anderes als Manifestationen deiner angeblich
unsichtbaren, einschränkenden Überzeugungen.

So unsichtbar sind sie nämlich gar nicht, gell?

Du
warst es wert.

Du bist es wert.
Du wirst es wert sein.

Richtig.
Dies ist ein Traum.

Du schläfst noch. Jeden Augenblick könnte ein Elefant hinter dir
auftauchen, der ein rosa Ballettröckchen trägt und Tennisschuhe.
Oder vielleicht wird das Telefon klingeln, und der Anrufer ist
Kaiser Franz, der dich fragt, warum du nicht pünktlich zum
Fußball kommst. Oder vielleicht steht eine Talkshow-Größe vor
der Tür, das Studiopublikum im Schlepptau, und möchte dich als
ihre neue Lieblingsautorin vorstellen. In einem Traum kann alles
Mögliche geschehen, und zwar ohne Rücksicht auf Vergangenheit
oder Logik, und du brauchst dir um das Wie niemals Gedanken zu
machen.

Lern von deinen Träumen, denn in Zeit und Raum gilt dasselbe Prinzip. Vergiss deine Vergangenheit, pfeif auf die Logik. Und lass die Finger von dem dummen Wie.

Halali!

Das Universum

Gebühren
und Kosten?

Das ist schon vor Urzeiten erledigt worden.

Für dich gibt es keine Verpflichtungen mehr abzutragen.

Ich weiß schon, du glaubst mir das nicht.

Also gut, Plan B. Du stehst noch in der Pflicht. Du musst schuften und eisern sparen, dich durchschlagen und tricksen, Überstunden schieben und dich nach der Decke strecken, dich aufopfern und verkaufen, selbstlos sein. Du musst die Dummheit der anderen ertragen, eine Arbeit tun, die du nicht magst, und dir dein Leben lang eine Menge Schwachsinn beibringen lassen.

Sind das die Pflichten, an die du glaubst? Doch hast du nicht auch sie schon mindestens zehnfach abgetragen?

Visualisieren
für *Anfänger*

Für all die, die sich freie Parkplätze, unerwartete Geschenke oder zufällige Begegnungen mit tollen Leuten wünschen:
Es sich zuerst vorstellen. Dann loslassen.

Visualisieren
für *Erleuchtete*

Für die, die sich eine heilende Berührung, Friede auf Erden oder einen neuen Sportwagen wünschen:
Es sich zuerst vorstellen. Dann loslassen.
Wähl gut aus.

Wenn du
alte *Fotos* anschaust,

springt es dir einfach ins Auge: Du hast damals gut ausgesehen. Verdammt gut. Doch irgendwie hast du das damals nicht so recht glauben wollen.

Lern aus der Vergangenheit, denn heute siehst du sogar noch besser aus als damals. Weitaus besser. Geistreicher bist du auch geworden. Lustiger. Weiser. Mitfühlender, nicht mehr so steif. Und endlich spazierst du gelassen durchs Leben.
Ich dachte nur, das solltest du wissen.

Oje!

Wieder eine gute und eine schlechte Nachricht.

Zuerst die schlechte: In den kommenden Tagen, Wochen und Monaten wirst du wahrscheinlich dasselbe nervige Problem haben, das du heute schon hast.

Nun die gute Nachricht: Dein einziges echtes Problem besteht aktuell darin, dass du denkst, du hättest Probleme.

Doch du hast gar keine.

Das Universum

Neue *Grüße*
vom
Universum

N-a-a-a-a-a-...

Wie geht's denn so da unten auf der Erde?
Du weißt schon – in Zeit und Raum, dort, wo Gedanken Gestalt
annehmen, wo alle Dinge möglich sind,
wo Wunschträume wahr werden?!
Mischst du da so richtig mit?
Hmmm, verstehe ...
Oh, oh ...
Aha ...
Oje ...
Was du nicht sagst ...
Psssst ... Ich will dir ein kleines Geheimnis verraten:
Jeder hat so seine wunden Punkte.
Jeder. Sogar diejenigen, die anscheinend keine haben.
Ohne Probleme wäre es nämlich ziemlich langweilig.
Denk mal darüber nach.
Ich freue mich, dass wir wieder mal so nett miteinander geplaudert
haben ...

Das Universum

Natürlich
fühlst du dich hier manchmal

allein, durcheinander und ängstlich! Du kommst ja auch aus einer spirituellen Familie, die alt und hoch angesehen ist, die von allen geliebt und respektiert wird. Deine Familie ist es gewohnt, auf großem Fuß zu leben, und sie wird im ganzen Kosmos so sehr verehrt und respektiert, dass ihr alles Gewünschte in reichlichem Maß zufließt.

Aber was dich betrifft ... Als deine Ausbildung anstand und dein göttliches Bewusstsein gefördert werden sollte, musstest du dich ja unbedingt davonmachen und dir die denkbar abgelegenste kleine Schule tief im Dschungel von Zeit und Raum aussuchen, Erde genannt.

Du hast für ganz schön viel Aufregung gesorgt! Sie hat sich aber wieder gelegt, als du begonnen hast, im Schlaf Grüße nach Hause zu senden.

Du kannst dir sicher vorstellen, dass jetzt alle voller Bewunderung für deinen Mut jeden Abend auf dein Wohl trinken.

Ich übrigens auch.

Du Schlingel.

Weißt du eigentlich,

was mir am besten daran gefällt, das Universum zu sein?
Dass ich absolut alles weiß. Und dass ich Wunschträume wahr
werden lassen kann. Ich finde es auch schön, ewig zu sein. Und
keinen Einschränkungen zu unterliegen. Allein mit meinen
Gedanken Welten zu erschaffen. Zu wissen, dass die Realität sich
genauso entfaltet, wie sie es soll. Alles zu haben, alles zu sein, alles
zu tun. Und es gefällt mir, immer zu lieben und geliebt zu werden.

Und wie steht es mit dir? Was gefällt dir am besten daran, das
Universum zu sein?

Lass dich umarmen!

Es *gibt* keine missliche Lage,

die nicht in einen Vorteil verwandelt werden könnte.
Keinen Feind, der nicht dein Freund werden könnte.
Und keine Last, die dir nicht Flügel verleihen könnte.

Das ist doch eine faire Sache!

Ich bin zwar
das *Universum,*

aber ich will nicht jedem vorschreiben, was er zu tun oder zu lassen hat. Doch wenn ich das Gefühl habe, dass ich mich dringend einschalten sollte, gehe ich so einfühlsam, sanft und liebevoll vor, wie ich nur kann:

Du siehst blendend aus heute Morgen! Haben dir vergangene Nacht unsere Träume über die von dir gewünschten Veränderungen Spaß gemacht? Hattest du Gelegenheit, dir ein wunderschönes Bild zu malen, wie das zu Erreichende aussehen soll? Bewegst du dich auf das zu, was du willst, so gut du kannst, wann immer du kannst? Übst du dich jeden Tag in Vertrauen und freudiger Erwartung? Diese Dinge sind nämlich ziemlich wichtig. Eigentlich ist es sonst gar nicht möglich, eine Veränderung herbeizuführen. Glaub bloß nicht, dass es einen anderen Weg gibt!

Sei umarmt,

Das Universum

Einige Dinge kannst nur du selbst tun.

Du weißt
genau,

was die anderen tun werden, oder?

Und du weißt auch genau, was sie sagen werden.

O ja, sobald du es dir zur Gewohnheit machst, jeden Tag einige
Zeit lang das Gewünschte zu visualisieren, wenn du dich im
»Tu-alles-was-du-kannst-mit-allem-was-du-hast« übst und wenn
du dich dazu bringst, jetzt schon so weit wie möglich das Leben
deiner Träume zu führen, dann öffnen sich die Schleusen, und du
bekommst das Haus deiner Träume, die Arbeit deiner Träume und
die Freunde, die du dir immer gewünscht hast.

Sie werden dich also aus dem Augenwinkel mit kaltem Blick
mustern und gerade laut genug, dass du es hören kannst,
murmeln: »Muss ... toll ... sein ...«

Ich will dich nur schon mal warnen,

Das Universum

*Und du wirst innehalten, sie verständnisvoll anschauen und sagen:
»Ach, man gewöhnt sich daran.«*

Nichts,
was du je tun,

sein oder haben wirst, sei es noch so atemberaubend oder
so spektakulär, wird je mit deiner Großtat konkurrieren können,
überhaupt hier zu sein.

Ja, es ist deine große Tat.

Erstaunlich, dass die Menschen nicht bevorzugt die großen Leistungen feiern, sondern sich bei den Kleinigkeiten aufhalten.

Warte nicht.

Hast du dich
schon mal *gefragt,*

warum du an manchen Tagen das Gefühl hast, dass dir einfach alles gelingt?
Hast du dich schon mal gefragt, warum du dich an manchen Tagen sicher, geborgen und zutiefst geliebt fühlst? Hast du dich schon mal gefragt, warum du an manchen Tagen das Gefühl hast, nicht zu bremsen, unbesiegbar, und … nun ja,

der »König der Welt« zu sein?

Eigentlich, Eure Hoheit, frage ich mich oft, warum Ihr das Gefühl nicht immer habt.

Ich bin schwer beeindruckt,

Das Universum

Diese Stelle in »Titanic« hat mir besonders gut gefallen.

Ob du es *glaubst* oder nicht,

wenn es deine sogenannten Schwierigkeiten, Probleme und Herausforderungen nicht gäbe, hättest du überhaupt keine Möglichkeit, noch glücklicher, cooler und erleuchteter zu werden, als du es je gewesen bist.

Ich gebe zu, bei der Vorstellung, du könntest noch cooler sein, wird mir ganz schwummrig.

Es *ist,* als würdest du

an die schweren Türen des Reiches deiner kühnsten Träume klopfen. Zuerst vorsichtig, fast respektvoll.
Dann ungeduldig, lauter und lauter.
Du bittest, du flehst, du forderst, du weinst, du jammerst. Und direkt auf der anderen Seite der Tür winden sich deine treuen Anhänger in stummer Not; einige weinen leise; alle empfinden intensiv deine Frustration und Einsamkeit mit. Doch sie erinnern sich nur zu gut daran, dass du ihnen am Tag deiner Abreise den Schwur abgenommen hast, die Tür auf keinen Fall zu öffnen ... auf dass du selbst herausfindest, dass sie eigentlich nie verschlossen war.

Die
Perfektion,

mit der all deine »Probleme« gestrickt sind, ist einfach genial. Lass dich nicht verunsichern. Du hast keine Fehler gemacht. Die Wegstrecke hinter dir und die Herausforderungen vor dir wurden bis ins Detail so geplant, um dir die Erkenntnisse und Einsichten zu schenken, die dir das Leben deiner Träume ermöglichen werden.

Meistere heute, was vor dir liegt; versteh, was dich bedrückt; tu, was du kannst, und der Rest wird dir leichtgemacht.

Du bist nicht hierhergekommen, um Hindernis für Hindernis für Hindernis zu überwinden. So funktioniert das nicht. Es ist nicht so, dass dir morgen umso mehr Probleme aufgeladen werden, je mehr du heute meisterst. (So was passiert nur, wenn du die Probleme hier und heute ignorierst.) Meistere deine Probleme heute, und du bist frei.

Man kann mit ganz wenig ganz viel erreichen: Ein neuer Blickwinkel, ein Eingeständnis, ein Annehmen der Wahrheit – wie schmerzhaft dies auch sein mag – ändert alles.

In
hundert Jahren

wird es keine Rolle mehr spielen, wie viel du auf dem Konto
hattest, welches Auto du gefahren bist oder in was für einem Haus
du gelebt hast.

Andererseits bist du hier in Zeit und Raum, um zu verstehen, dass
du tatsächlich Herrschaft über die Dinge besitzt – also kümmere
dich gleich mal darum.

Gibt es eine bessere Möglichkeit, um Kindern Wichtiges zu vermitteln,
als die eigene Stärke zu leben, so dass sie lernen, die ihre zu leben?

Du *wünschst* dir,
was du dir wünschst,

weil du weißt, es ist möglich. Wäre es nicht so, würdest du es
nicht wollen. Dies ist ein kraftvoller Gedanke. Verinnerliche ihn.
Allein diese Überzeugung kann dich ans Ziel bringen,
was immer du sonst noch glaubst oder nicht glaubst.

Bitte wünsch dir, was du dir wünschst.

Niemals stellen sich Wunschträume ein, die gar nicht erfüllbar wären.

Ich hab neulich
mit einem *Baum* gesprochen.

»Universum …«, sagte er zu mir.

»Ja?«

»Wenn ich mal hierher zurückkehre, will ich nicht nur Holz sein.«

»Hmmm«, dachte ich laut, »was ist denn so schlimm daran, Holz zu sein?«

»Es ist hart«, sagte der Baum mit ernster Miene. »Wenn ich mal hierher zurückkehre, will ich weich sein und ein Fell haben, damit die Kinder mich lieben.«

Und ich dachte nach … und dachte nach … und dachte nach und fragte ihn schließlich: »Warum willst du nicht groß und stark sein, genau so, wie du bist, und von den Kindern geliebt werden?«

Und die Kinder kamen und spielten unter seinen Zweigen.

Meinst du wirklich, du musst anders sein, als du bist, um das zu bekommen, wonach du dich sehnst?

Die *Sache*
mit dem Pessimismus,

mit den ängstlichen Gedanken und den selbstbegrenzenden
Überzeugungen ist die: Sie funktionieren bestens.

Buhuuuh

Das Universum

Das ist aber bereits das Gruseligste, was einen
in Zeit und Raum erwartet!

Das Leben ist
manchmal

wie ein Buch, in dem wir lesen.

Viele Tage, Wochen, sogar Jahre lang wiederholt sich alles – bis wir
eine neue Seite aufschlagen.

Loslassen ist nicht dasselbe wie aufgeben.
Es bedeutet vielmehr, zu begreifen, dass das Beste
noch kommt.

Erinnerst du dich
an den *Tag*

vor nicht allzu langer Zeit, kurz bevor du den ersten Atemzug
getan hast?

Bestimmt erinnerst du dich … Du warst nur ein flüchtiger
Gedanke, und du hast mit geballten Fäusten (bildlich gesprochen)
geschworen: »Dieses Mal vergesse ich's nicht! Dieses Mal erinnere
ich mich! Dieses Mal, egal wie leicht oder schwer mein Leben
wird, weigere ich mich, in meiner Umgebung nach Sinn, Richtung
oder Möglichkeiten zur Veränderung zu suchen, weil ich weiß,
dass meine Umgebung nur das widerspiegelt, was mein Herz und
meine Seele bewegt. Dieses Mal werde ich nach innen gehen, wenn
ich Sinn, Richtung oder Möglichkeiten zur Veränderung suche.
Alles ist möglich. Hip-hop, schubiduuu!«

Ist schon komisch, aber genau das hast du gesagt.

Doch, hast du, keiner außer dir redet so!

Ich jedenfalls nicht.

Da fragt man sich, was neulich passiert ist, oder?

Es war nicht *immer*
so leicht für mich,

das Universum zu sein. Bevor du aufgetaucht bist, hat mir viel gefehlt.

Bevor du aufgetaucht bist, gab es niemanden, der so gedacht hat, wie du jetzt denkst. Niemanden, der so gefühlt hat, wie du jetzt fühlst. Und – was ich am meisten schätze – es gab niemanden, der die Realität so gesehen hat, wie du sie jetzt siehst. Und all diese Dinge haben mich bereichert.

Danke, du hast genug getan, und du bist in Ordnung so, wie du bist.

Du kannst dir gar nicht vorstellen, wie viel Freude du mir bereitest.

In Liebe und Bewunderung

Das Universum

Natürlich wäre meine Arbeit noch leichter, wenn du das sehen könntest, was ich sehe – in dir. Diese Woche werden wir beide mal einen genaueren Blick darauf werfen.

Glück
ist keine Frucht,

die du erntest, wenn deine Wunschträume wahr werden.
Es ist eher wie der Dünger, der dabei hilft, sie schneller wahr
werden zu lassen.

Trau dich,
wünsch dir alles.

Doch lern zuerst das Glücklichsein, sonst bekommst du vielleicht
gar nicht mit, wenn das Gewünschte zu dir kommt.

Beeil dich, bald ist es so weit!

Erkenntnis-Management
für weit fortgeschrittene *Seelen.*

Das nächste Mal, wenn jemand dich enttäuscht, denk einfach:
»Danke, dass du mir klarmachst, dass ich dabei war, mich von dir
abhängig zu machen. Es wird Zeit, meine Erwartungen
zurückzuschrauben.«

Das nächste Mal, wenn jemand deine Meinung nicht gelten lässt,
denk: »Ist schon in Ordnung, ich war auch mal so.«

Wenn jemand dir etwas wegnimmt, denk: »Nicht der Rede wert, meine Nachschubstation ist das Universum.«

Wenn jemand dich anlügt, denk: »Schade, dass du glaubst, so was nötig zu haben.«

Wenn jemand deine Grenzen verletzt: »Alles trägt zu meinem Wachstum und Glanz bei.«

Wenn jemand grob zu dir ist: »Kopf hoch, das wird schon wieder.«

Wenn einer über dich urteilt: »Danke, dass du mir deine Sicht der Dinge zeigst.«

Wenn jemand wie ein Irrer an dir vorbeirast: »Sei vorsichtig, mein Freund. Ich mag dich.«

Und das nächste Mal, wenn jemand dich mit einem Lächeln grüßt, lächle zurück, als ob ihr Verbündete wärt.

Klar, man könnte mit jeder dieser Situationen anders umgehen. Und sehr weit fortgeschrittene Seelen wissen, dass alle anderen Möglichkeiten auch okay sind.

So *sicher,*
wie der Schnee fällt,

der Wind weht und die Flüsse fließen, wirst du Minute für Minute, Tag für Tag unausweichlich dorthin gezogen, wonach dein Herz sich sehnt.

Ist doch viel besser, als zu glauben, dass du nur
älter wirst.

Ja! Ja! *Ja!*
J-a-a-a-a-a-a-a-a!

Nein. Nein. Nein. Nicht, was du denkst!

(Bin ich froh, dass du endlich aus deinem Schneckenhaus
rauskommst.)

Ich bin nur gerade dabei, jede einzelne Anfrage zu beantworten,
die bei mir eingeht. Das »Jaaaaaaaa!« war für den Kerl, der gar
nicht erst gefragt, sondern sich gleich im Voraus bedankt hat.

Kaum zu glauben, aber ich sage nie nein.

Was immer du dir wünschst,

Das Universum

PS Das »Nein, nein, nein« zählt nicht.

Kannst du dir vorstellen, wie oft ich jeden Tag »Ja!« sage, wenn die Bitte
klar und deutlich formuliert ist? Keine Zahlenangabe würde ausreichen,
um dir das auch nur annähernd zu verdeutlichen.

Der Neueinsteiger lernt,
zu anderen *ehrlich* zu sein

in Bezug auf das Wer, Was, Wann und Wo.

Der Fortgeschrittene lernt, zu sich selbst ehrlich zu sein,
und er entdeckt, wie seine Sicht die Dinge beeinflusst –
und kommt dadurch schnell voran.

Der Meister beschäftigt sich mit der Ehrlichkeit hinsichtlich seiner
Motivation – ein Bereich, wo sich vorher Berge von Lügen
aufgetürmt hatten!

Also, was wünschst du dir wirklich – und warum?

Ein Meister zu sein ist ganz schön anstrengend, hm?

Was für ein
Tag!

Ich fühle mich so großartig, so edelmütig, so freigiebig!
Weißt du was, heute gehen alle Wünsche auf mich.
Heute werden die Wunschträume aller Menschen wahr!

Ob ich das kann? Moment mal!

Ich tue es jeden Tag für alle, überall, egal in welcher Angelegenheit. Jederzeit – Sekunde für Sekunde, Monat für Monat, Jahr für Jahr – gebe ich dir das, woran du denkst, was du am meisten erwartest, woran du glaubst und worauf du zusteuerst.

Wozu sollte ein Universum sonst da sein?

Und bald sehen wir – und das meine ich ganz konkret – die Gedanken, für die du dich heute entscheidest.

Du *bedankst* dich
bei mir?!

Tut mir leid, da bist du falsch informiert.

Begreif doch, dass ich es bin, der dir dankt – jeden Tag, pausenlos – für alles, was du bist.

Du hast ja keine Vorstellung.

Danke, danke, danke.

Die Gefühle, nach denen
du dich am meisten *sehnst,*

werden nicht durch eine neue Umgebung, durch einen besonderen Menschen oder durch ein wunderbares Ereignis kommen.

So funktioniert das nicht.

Sie werden von innen heraus kommen, wo sie schon jetzt darauf warten, herausgelassen zu werden – und dies geschieht oft durch einen neuen Ort, einen besonderen Menschen oder ein wunderbares Ereignis.

Dideldum

Das Universum

Was immer du in der Zukunft fühlen möchtest – du kannst dich dafür entscheiden, es jetzt schon zu spüren.

Glaubst du,
die Schwerkraft

müsse bei einem Elefanten doppelt so intensiv wirken, um ihn auf dem Boden zu halten, wie bei einem Samenkorn?

Aha.

Ich hoffe, du verstehst, was ich damit sagen will: Das Prinzip »Gedanken werden Dinge« funktioniert genauso.
Die Größe deiner Wunschträume hat keinen Einfluss auf die Wahrscheinlichkeit, mit der sie wahr werden, nicht den geringsten.

Denke GROSS.

Los! Mach schon!
Sag, was dein *Herz* begehrt!

Streck die Hand aus. Setz dich in Bewegung, mach dich bereit, sag danke.

Stell es dir vor, und dann lass los. Handle voll Vertrauen. Bleib dran.

Tu, was du kannst, wann immer du kannst; gib alles. Denn nie wieder, nicht in einer Million Jahren, nicht in zehntausend Leben, wirst du so nah dran sein wie heute.

Auf die Plätze, fertig, los!

Das Universum

Aus einer
endlosen Schar

von Seelen, die sich seit Ewigkeiten sehnsüchtig in der Warte-schleife befinden, bekommst du nun deine Chance in Zeit und Raum. Und es ist nicht in Worte zu fassen, wie einmalig und außergewöhnlich dieses Privileg ist.

Und wie schnell vergänglich.

Du *wartest* darauf, dass es in deinem Leben endlich vorwärtsgeht?

Das könnte das Problem sein.

Im *Heute* gibt es Wahrscheinlichkeiten.

Nichts ist fest, absolut, vorherbestimmt oder in Stein gemeißelt; es gibt nur Wahrscheinlichkeiten. Und du bist mit deinen Gedanken der Dreh- und Angelpunkt, welche davon zum Zuge kommen.

So machtvoll bist du.

Hast du dir schon mal *überlegt,*

dass es unmöglich ist, für einen bestimmten Menschen tiefe und bedingungslose Liebe zu empfinden, wenn man dies nicht auch für jeden anderen könnte?

Was unterscheidet denn den einen vom anderen – außer eben den Bedingungen?

Es schadet ja nicht, es mal zu versuchen.

Ja, selbstverständlich auch bei den nicht so einfachen Typen.

Willst du *wissen,*
was am schwierigsten ist,

wenn man Zeit und Raum verstehen möchte? Wenn man Riesenfortschritte machen will, um das Leben seiner Träume zu führen? Wenn es darum geht, jedes gebrochene Herz zu heilen und jeden Seelenschmerz zu überwinden? Wenn du den Weg frei machen willst für unendliche Fülle, für vollkommene Gesundheit und uneingeschränktes Glück?

Nicht nach dem äußeren Schein zu urteilen.

Und willst du auch wissen, wie du das am leichtesten und einfachsten hinbekommst?

Hör auf, nach dem äußeren Schein zu urteilen.

Hör einfach damit auf.

Du kannst es.

Es ist *leicht.*

Ganz leicht.
Wirklich alles.
Es ist alles wirklich ganz leicht.

Du musst nur
einen anderen *Gang* einlegen.

Schau nicht zurück, und sei heute der Mensch, der du schon immer sein wolltest.

Denk jeden Gedanken, sag jedes Wort und triff jede Entscheidung aus dessen Sicht. Geh den Weg, den er gehen würde, kleide dich, wie er sich kleiden würde, und verbring deine Freizeit, wie er sie verbringen würde. Such dir die Freunde aus, die er wählen würde, iss das Essen, das er essen würde, und liebe und achte dich so, wie er es tun würde.

Diese Schritte sind unerlässlich, wenn du Veränderungen herbeiführen willst. Es gibt keine andere Möglichkeit, keinen anderen Weg.

Weil dieser Mensch aber deinem wahren Wesen entspricht, wirst du diese Aufgabe mühelos meistern.

Hör einfach auf, jemand zu sein, der du gar nicht bist.

Liebe Grüße

Das Universum

Ich wollte dir
nur sagen,

dass alle hier dich heftig anfeuern.

Hilfe!
Ich dreh noch durch!

Bald ist Weihnachten, und ich habe nicht den blassesten
Schimmer, was ich dieses Jahr für acht Milliarden Menschen
besorgen soll!

Kannst du dir vorstellen, wie schwierig es ist, Geschenke für
Menschen auszusuchen, die bereits alles haben?

· *Ich kann ihnen nichts geben, was sie sich nicht selbst geben könnten.*

Was wäre, wenn du
heute

deinen Speicher löschen, neu beginnen und dir selbst das Ticket
für das Leben deiner Träume ausstellen könntest?

Nein. Moment mal. Lass uns das ändern. Was wäre, wenn du
jeden Tag deinen Speicher löschen, neu beginnen und dir selbst
das Ticket für das Leben deiner Träume ausstellen könntest?

Wie viele Tage würde es dauern, bis du merkst, dass dein
»Speicher« und dein »Ticket« nichts miteinander zu tun haben?
Dass deine Vergangenheit sich nicht in der Zukunft fortsetzen
muss?

Deine vollkommene Freiheit und grenzenlose Stärke findest du im
gegenwärtigen Augenblick.

P-s-s-s-t!

Sei mal still, und mach's dir gemütlich!

Wir könnten uns doch »Ist das Leben nicht schön?« anschauen.
Nein, nein, nicht den Film mit James Stewart! Den anderen! Du
weißt schon, den mit dir in der Hauptrolle. Der ist viel besser.
Diese spannende Aufsteigergeschichte, von ganz unten nach ganz
oben, die mit dem Gänsehauteffekt. Und wie toll sie ausgeht!

Au ja!

Mir gefällt die Stelle am besten, wo dir schließlich der Kragen
platzt und du erklärst, dass es dir jetzt hinten und vorn reicht (in
Wirklichkeit sind deine Worte alles andere als jugendfrei). Und du
fängst an, deine Träume zu visualisieren; du beginnst, an den
Computer, die Kühlschranktür und jeden Spiegel Fotos von deinen
Wunschträumen zu heften; du beginnst voller Vertrauen, jeden
verflixten Tag so zu handeln, als wären deine Wünsche bereits
wahr.

Die Verwandlung, die dann geschieht, ist schier unglaublich. Aber es ist eine wahre Geschichte!

Sie eignet sich auch hervorragend dafür, neue Seelen so richtig aufzubauen, bevor sie zum ersten Mal den großen Sprung wagen.

Einfach eine tolle Geschichte.

Pssst! Nun kommt meine Lieblingsstelle: Du bist jetzt voll bei der Sache, tust, was du kannst, mit all den dir im Moment zur Verfügung stehenden Mitteln, und du übergibst die Angelegenheit dann ... dem Universum (meinem zweitliebsten Hauptdarsteller).

Du musst vor
gar nichts *Angst* haben,

nicht mal vor der Angst selbst. Denn letztlich wirst du deinen Weg finden, du wirst befreit sein und aus der Fülle schöpfen. Keine Frage.

»Angst, Angst, Angst« – was soll das ganze Gerede? Den Leuten gefällt es, anderen Furcht einzujagen, indem sie sagen, sie müssten die Angst nicht fürchten.

Ha!

Ich bin ja
sooo *aufgeregt!*

Alles ist vorbereitet. Ich habe dafür gesorgt, dass die passenden Mitspieler zur passenden Zeit zur Stelle sind: große und kleine Champions und sogar echte Engel. (Du wirst nicht glauben, mit wem du bald auf Tuchfühlung gehen wirst oder wo es passieren wird.)

Ich habe die nötigen Telefongespräche, Mails und Zufallstreffen arrangiert und erledigt, so dass du genau dann für Wellen liebevoller, inspirierter Gedanken empfänglich sein wirst, wenn du sie am dringendsten brauchst. Ich habe die entscheidenden Zufälle, glücklichen Zusammentreffen und wichtigen Wendungen des Geschehens, die dich in ungeahnte Höhen katapultieren werden, wirklich bis auf die milliardste Stelle hinter dem Komma ausgerechnet. Ich habe mich sogar um das große Happy End gekümmert.

So, und wie sieht es bei dir aus?

Der *Tag*
wird kommen,

an dem du fragst: »Womit habe ich eigentlich die Freunde, das Glück und den Wohlstand verdient, die mich heute umgeben?«

Und ich werde antworten: »Du hast die Herausforderung angenommen, dich selbst als göttlich und der Dinge würdig zu betrachten, obwohl der Rest der Welt dich anfangs nicht so gesehen hat. Und du hast recht behalten.«

Gut gemacht, Maestro. Wirklich gut.

Das Universum

Wie *schnell*
möchtest du

von Wohlstand und Überfluss umgeben sein? Noch mehr Freunde in deinem Leben haben und mehr Lachen?
Wie schnell möchtest du ein florierendes Geschäft aufbauen oder ein phantastisches Haus am See besitzen?

Ist deine Antwort auf eine dieser Fragen oder auf alle: »Na, sofort!«, »Wär ja schön!« oder »Ahhh!«, dann liegt die Vermutung nahe, dass du für einen Moment vergessen hast, dass der mit Abstand schnellste Weg, Veränderungen herbeizuführen, darin besteht, so zu tun, als hättest du das Ersehnte bereits. Darin, deine Aufmerksamkeit vom Verlangen abzuziehen. Darin, so zu denken, zu sprechen und zu handeln, »als ob«.

Hätte mich auch gewundert.

Genau der
Zauber,

den du eingesetzt hast, um deine erste Arbeitsstelle zu bekommen, um deinen besten Freund oder deine beste Freundin zu finden und um Verletzungen zu heilen – dieser Zauber, der auch dein Herz schlagen lässt und dich zum Träumen beflügelt –, ist aus demselben Stoff, der deine sehnlichsten aktuellen Wünsche Wirklichkeit werden lassen kann.

Der Punkt ist: Du hast dich seiner bereits in der Vergangenheit bedient. Du hast ihn bereits in dir. Du hast das völlig Unmögliche schon geschafft!

Was ist denn so schwer daran, es noch mal zu tun?

Ach, komm schon …

Du kannst es vielleicht
kaum *glauben,*

es kann sogar sein, dass es dir ein bisschen unheimlich ist, aber es gibt Menschen (sogar weit mehr, als du es dir je vorstellen kannst), die sich hauptsächlich dafür entschieden haben, im Hier und Jetzt zu leben, weil sie wussten, dass du auch da bist.

Das nennt man einen guten Ruf haben.

Diejenigen,
die *erfolgreich* sind

und dann der Welt weismachen wollen, sie hätten sich das hart
erarbeitet, machen meinen Job zu einer echten Herausforderung.
In den meisten Fällen arbeiten sie auch nicht intensiver als andere.
Sie sind noch nicht einmal tüchtiger. Sie haben einfach die Magie
eingesetzt, indem sie in Übereinstimmung mit ihren Wünschen
dachten, redeten und handelten.

Doch dann gehen sie nach außen und erzählen leicht
beeindruckbaren Gemütern, sie hätten es nur mit harter Arbeit
geschafft. Und wenn die anderen es ihnen abkaufen, wird die
Messlatte für diese Menschen viel höher gelegt.

Tu dir selbst einen Gefallen, und setz die Magie ein.

Mit jemandem *liebevoll*
und freundlich umzugehen

heißt, ihn für immer zu verändern.

Ganz schön heftig, oder? Doch das ist noch nicht alles.

Denn wir erreichen durch jeden, mit dem wir liebevoll umgehen,
auch jeden, den dieser Mensch je kennenlernen wird. Und jeden,
den wiederum diese Menschen je kennen werden. Und so werden
deine Liebe und Freundlichkeit bis ans Ende der Zeit spürbar sein

und Kreise ziehen, noch lange, nachdem du selbst weitergegangen bist.

Muchas gracias

Das Universum

Frag nicht, was passiert, wenn du einen schlechten Tag hast.

Jeder ist nett

zu Menschen, die er mag.

Nichts Besonderes, oder?

»Nachricht verstanden!« Du bist *erhört* worden.

Und in diesem Augenblick wird jedes einzelne Atom im ganzen Kosmos umprogrammiert, die große Schar der Engel wird herbeigerufen, und gewaltige Räder beginnen sich zu drehen.

Wir hoffen nicht, du wolltest nur ein Witzchen machen.

Du wirst immer erhört. Jeder einzelne Gedanke von dir.

Okay, lass uns
ein kleines *Experiment* machen …

Hast du dir schon mal überlegt, dass deine Gedanken sich sofort vor deinen Augen manifestieren würden, wenn es Zeit und Raum nicht gäbe?

Aha. Sehr gut. Du verstehst sicher, dass es in einer solchen Realität keine Verzögerungen oder Aufschübe gäbe, da ich die Spieler, Ereignisse und Umstände deines Lebens optimal arrangieren würde.
Es ist doch auch leicht einzusehen, dass es in solch einer Realität keine Faktoren außerhalb deiner selbst gäbe, die deine konkreten Erfahrungen beeinflussen, lenken und leiten könnten. Richtig? Du würdest nur deine Gedanken wählen, und – zack! – sie würden wahr.

Gut. Wenn du nun plötzlich die Parameter Zeit und Raum in diese Realität einführst, siehst du dann, dass es noch immer keine Faktoren außerhalb deiner selbst geben muss, die deine konkreten Erfahrungen lenken und leiten? Dass du, wenn es sie aber gäbe, auch nicht die Macht über alle Dinge hättest? Siehst du ein, dass unter keinen Umständen irgendetwas vorherbestimmt oder Schicksal wäre? Weder eine Beziehung noch eine Arbeitsstelle, noch irgendetwas sonst?

Siehst du außerdem ein, dass ein vorherbestimmtes Schicksal – wenn es das gäbe – deine Fähigkeit, die eigene Realität zu erschaffen, erheblich einschränken, deine Kreativität ersticken und das immer und überall gültige Prinzip »Gedanken werden Dinge« für null und nichtig erklären würde?

Ausgezeichnet! Denn das bringt uns in die Gegenwart und zu den Lehren, die wir daraus ziehen können:

1. Alles kann in Zeit und Raum geschehen, wenn du es dir zuvor erträumt hast.

2. Es wird mit Sicherheit nichts geschehen, wenn du dir nichts erträumst.

3. Verzögerungen und Aufschübe sollten dich nie zu der Annahme verleiten, dass etwas nicht sein soll. Sie sind nur ein Deckmantel oder Vorhang, hinter dem ich arbeite.

Und wenn du sehen könntest, was ich sehen kann, also was sich hinter deinem Vorhang gerade tut, dann würdest du dich um nichts in der Welt mit weniger begnügen, sondern genau das haben wollen, was du dir am meisten wünschst.

Klärung eines kleinen Missverständnisses

in Bezug auf Fülle …

Ich wusste, dass du dich daran erinnerst.

Wir haben leider vergessen zu erwähnen, dass es sich dabei um eine Bar mit Selbstbedienung handelt.

Ist das nicht besser, als bitten, warten und hoffen zu müssen?

Wie *machst*
du das bloß?

Du weißt schon, reden und so geistreich sein? Gehen, ohne hinzufallen? Fragen stellen und die Antwort kennen? Etwas anpeilen und ins Schwarze treffen? Rechtzeitig ankommen? Klarkommen? Genug zum Leben haben?

Wie, um alles in der Welt, schaffst du das nur?!

Du weißt es nicht, stimmt's?

Du hast nicht die geringste Ahnung.

Und genau so schaffst du's.

Du überlässt mir die Details – das »Wie« –, konzentrierst dich ausschließlich auf das Endergebnis und bewegst dich in diese Richtung. Eben erwartungsvoll.

Wunschträume werden auf die gleiche Weise wahr.

Kannst du dir
vorstellen,

dass es Menschen gibt, die wirklich davon ausgehen, dass sie ihr Leben verändern können, indem sie so tun, als sei es schon optimal?

Genau! Und diese Menschen nennen wir Meister.

In tiefer Bewunderung für dich

Das Universum

So zu tun, als ob, ist auf jeden Fall besser als nichts. Ha!

Du solltest dir in Bezug auf andere *Menschen*

nicht wünschen, sie wären anders, sondern eher dafür danken, dass sie genau so sind, wie sie sind. Denn sonst wären sie jetzt nicht in deinem Leben.

Nimm immer die *Hauptstraße.*

Dort treffen wir uns dann.

Freunde und Partner,

mit denen du das Leben genießen kannst, dazu verschwenderische Fülle, die jedes Abenteuer bereichert, und Spitzenplätze, die du einnimmst, werden auf dich zukommen, wenn du an den Genuss denkst, an das Abenteuer und die guten Aussichten. Und nicht an Namen, Lottogewinne oder die Frage, welcher Weg wohl der beste sei.

Das ist ungeheuer wichtig zu verstehen, weil ich will, dass du all das hast.

Ja, du kannst alles haben, was immer du willst. Aber tu mir bitte den Gefallen und verwechsle nicht das, was du willst, mit der Frage, wie du es erreichen kannst.

Wie wäre es mit einem ganz kurzen *Blick*

in die Zukunft? Ich weiß, so was darf ich dir eigentlich nicht erlauben, aber du bist so gut aufgelegt, dass ich denke, eine kleine Ausnahme machen zu können.

Du sitzt mit Freunden an einem gemütlichen Kaminfeuer, und der Raum ist erfüllt von fröhlichem Lachen. Du blickst durch die riesigen, bis zum Boden reichenden Fenster hinaus in den Schnee, der an diesem Morgen sanft auf Felder und Wiesen rieselt. Ihr trinkt heiße Schokolade und schwelgt in Erinnerungen an die erstaunlichen Umstände, die euch alle zusammengebracht haben, und mit glühenden Gesichtern schmiedet ihr Pläne für die Zukunft.

Dann meldest du dich zu Wort: »Hätte ich das früher gewusst, wäre ich nicht so streng mit mir umgegangen.

Hätte ich die leiseste Ahnung gehabt, dass die Herausforderungen, Gefühle des Mangels und Probleme, die ich damals durchstehen musste, von mir selbst bis ins kleinste Detail erdacht worden sind. Aber dass all das letztlich direkt zu einem Strom positiver Ereignisse geführt hat ... dann wäre ich damals schon so stolz auf mich gewesen, wie ich es jetzt bin.«

Und dann applaudieren alle deine Freunde.

Kein Wort davon zu irgendjemandem.

Du hast übrigens das ausgeflippteste Glitzerkostüm an, das ich je gesehen habe. Aber du konntest ja schon immer alles tragen.

Tatsache ist nicht,

dass du schwach bist und davon träumst, stark zu werden; arm bist und davon träumst, reich zu werden; einsam bist und davon träumst, Freunde zu haben.
Tatsache ist vielmehr, dass du jetzt schon stark, reich und beliebt bist, aber manchmal träumst, du wärst es nicht.

Egal was du glaubst

oder nicht glaubst. Egal wo in der Welt du dich befindest. Ich möchte, dass du weißt, ich werde bei dir sein – in den Augen jedes Kindes und in der Melodie jedes Liedes. Ich werde in den funkelnden Eiskristallen, in den Sonnenstrahlen und in den Sternen am Nachthimmel sein.

Und in jedem Lächeln, das du siehst, in jeder Umarmung, die du spürst, und in jedem Lachen, das du hörst, werde ich da sein und dich durch andere berühren mit Segenswünschen und Freudenbotschaften für das ganze Jahr, weil ich dich liebe. Weil ich dich immer geliebt habe. Und weil ich dich immer lieben werde. Und weil dies wahr ist und wahr bleibt für jeden Tag deines Lebens.

Ich segne dich und deine Familie und jedes wunderbare, strahlende Wesen in deinem glanzvollen, erleuchteten Kreis.

Denk dran, und halte Ausschau nach mir – das ganze Jahr über.

Es kommt
eine *Zeit*

in der Entwicklung eines jeden spirituellen Wesens auf dem mitunter düsteren Weg zur Erleuchtung, dass die inneren Sehnsüchte, Kämpfe und Frustrationen zu einer Wahrheit führen, die anders nicht hätte erreicht werden können.
Und so komme ich an diesem besonderen Tag mit einer solchen Wahrheit zu dir. Mag sein, dass sie die Augen vorübergehend blendet, die zu lange geschlossen waren. Diesen Meilenstein zu erreichen war unvermeidbar, denn das Licht, das künftig erstrahlen wird, hast nicht nur du herbeigerufen, sondern alle suchen es nun. Und mit deiner Zustimmung werden sich alle

darin sonnen, die in deine Fußstapfen getreten sind, und die Last, die sie tragen, wird leichter werden.

Noch nie hat es ein Kind des Universums gegeben, das vollkommener war. Du bist des Lebens Ruf nach Wachsen und Werden und seine Antwort. Du bist der erste Sonnenstrahl beim Erwachen der Ewigkeit, damit das Universum seine Tiefen kennenlernen und seine Höhen entdecken kann.

Du arbeitest dich zu den Illusionen vor; du wagst dich ins Ungewisse und lüftest die Schleier. Du bist mutig, tapfer und wirst von unzähligen Seelen aus der unsichtbaren Welt bewundert.

Über alle Vernunft hinaus geben. Über das gefragte Maß hinaus fürsorglich sein. Über alle Grenzen hinweg lieben. Sich ausdehnen, wachsen und träumen, trotz aller Angst. Das sind die Kennzeichen von Göttlichkeit, die Eigenschaften des Unsterblichen, deine Auszeichnungen und deine Fahrkarte nach Hause.

Jetzt ist die Zeit gekommen zu feiern, wer du bist.

Das Universum

Hmmm ... Meinst du, ich sollte auf koffeinfreien Kaffee umsteigen?

Entgegen der landläufigen
Meinung

muss man es sich nicht verdienen, ein wertvoller Mensch zu sein, sondern man muss anerkennen, dass man es bereits ist.

Dann wird man nur noch so denken, sprechen und handeln, als ob das, was man sich am meisten wünscht, einfach nur in Erfüllung gehen kann.

Und das wird es, weil tatsächlich niemand es mehr verdient hat als du.

Groß *denken,*
aber klein handeln

ist dasselbe wie klein denken.

Da läuft mir doch glatt eine Gänsehaut den Rücken hinunter.

Diese Worte lesen und aus ganzem Herzen zustimmend nicken, aber in den nächsten Tagen nicht ein bisschen danach handeln, als ob Wunschträume schon wahr geworden sind, ist dasselbe, wie das hier nicht zu lesen.

Nehmen
wir mal an,

du fährst Auto und hörst dabei im Radio Popmusik. Nach einer
Weile möchtest du etwas anderes hören, zum Beispiel Klassikrock.
Würdest du einfach nur hoffen, dass der Popmusik-Sender auf
einmal anfängt, Klassikrock zu spielen? Würdest du visualisieren
und sagen: »JA! Ich glaube an das Magische! Ich weiß, dass
Gedanken Wirklichkeit werden! Ich kann Bruce Springsteen schon
›sehen‹; ich kann seine Songs schon ›hören‹. Danke im Voraus,
Universum, danke, danke, danke. Ich bin ja so dankbar!«

Oder würdest du, wenn du dir überlegt hast, was du willst, eher
einen anderen Sender suchen?

Gut. Ich wollte nur sichergehen.

Jetzt kannst du weiterrocken.

Das Universum

Wenn du unter deinem
Leben leidest,

wenn es dich vor Rätsel stellt und aus der Fassung bringt, wenn es
nicht rundläuft, dann sind das nur Zeichen von mir. Es ist, als
würde ich dir auf die Schulter tippen oder dir ins Ohr flüstern, um
dir klarzumachen, dass du etwas Wichtiges, etwas ungeheuer
Wichtiges nicht verstanden hast.

Es macht zwar
Spaß,

sich vorzustellen, wie phantastisch sich dein Leben verändern wird, wenn dein Wunsch erst einmal erfüllt ist, aber in Wahrheit wird sich überhaupt nichts verändern, nur du selbst.

Also, worauf wartest du noch?

Ich weiß nicht *genau,*
was es ist …

Ist es deine Art zu denken oder dein Einfühlungsvermögen? Ist es deine Art zu lachen oder die Art, wie du weinst? Es könnte deine Hartnäckigkeit oder dein Mut sein. Vielleicht ist es auch dein Humor oder deine Spontaneität.
Um die Wahrheit zu sagen, es hat noch nie jemanden wie dich gegeben, deshalb ist es so schwierig, eindeutige Aussagen zu treffen. Doch was es auch sein mag, für mich, jetzt im Moment und von hier aus gesehen, bist du eine reine Freude.

Du bist wunderschön.

In Dankbarkeit

Das Universum

Passiert es dir
manchmal,

dass du ins Tagträumen verfällst, wenn du etwas visualisieren willst?

Oder dass es sich irgendwie komisch anfühlt, wenn du dich endlich dazu durchgerungen hast, vertrauensvoll zu handeln?

Erwischst du dich manchmal dabei, dass du dir Sorgen machst oder zu viel über die Vergangenheit nachdenkst oder dich fragst, ob dich wohl unsichtbare einschränkende Überzeugungen zurückhalten?

Weißt du, genau das machen alle Erleuchteten durch (und ganz besonders die gutaussehenden). Trotzdem kommen sie ans Ziel, und so wird es auch bei dir sein.

Sorge dich nicht; mach einfach weiter.

Eine dicke Umarmung

Das Universum

Nein, ich meine nicht, du sollst weiter *schlucken,* sondern *in die Hände spucken.*

Du weißt doch,
wie das beim *Golfspielen* ist!

Wenn man mit einem Freund spielt, und er schlägt den Ball, und der bleibt so nah am Loch liegen, dass er ihn mit einem weiteren Schlag einlochen könnte, dann sagt man: »Großartiger Schlag, das ist ein geschenkter Putt!« (Es bedeutet, dass der andere den Schlag nicht ausführen muss, weil du davon ausgehen kannst, dass er den Ball einlocht; deshalb verzichtest du darauf.)
Sag einfach: »Ja.«

So ist's richtig!

Nun zu deinen Wunschträumen: Die gute Nachricht ist, dass sie so kurz vor der Verwirklichung stehen, dass man sie als »geschenkten Putt« bezeichnen würde!

Also gut! Das hier ist kein Golfspiel – und jetzt bist du dran.

Das Leben
vieler Menschen

würde erfüllter sein,
wenn sie dich daran teilhaben ließen.

Könnte es sein, dass dies auch umgekehrt gilt?

Sei dir
bewusst,

sei dir ständig bewusst, dass es von größter Bedeutung ist, was du heute tust oder nicht tust.

Alles andere spielt eigentlich keine Rolle.

Wenn es für dich keine
Herausforderungen gäbe,

wie könntest du dann erfahren, dass du manches noch nicht verstehst?

Gar nicht.

Also schätze sie. Akzeptiere sie.

Ja, klar. Ich könnte es dir auch einfach sagen.
Ha, ha, ha, ha, ha, ha, ha,
haaa ... hihiii ... HAAHAAA ...
HI-HI-HI-HI-HI! BOAH!
Sehr witzig!

Du bist schön
genug.

Du bist einzigartig genug.

Du bist sexy, locker und lustig genug.

Du hast genug gearbeitet.

Du hast genug geweint.

Du bist dankbar, großzügig und freundlich genug.

Also, worauf wartest du dann noch?

Sei gut zu dir!

Dein treuer Beobachter deiner Trefferquote

Das Universum

Du siehst, ich bin weder derjenige, der überzeugt werden muss, noch bin ich derjenige, der bremst.

Stell dir vor,
du *sitzt*

in einem kleinen Zimmer und schaust gebannt aus dem einzigen Fenster in eine Welt, die so unglaublich schön ist, dass du dein Glück kaum fassen kannst.

Jeden Abend lässt du zum Schlafen den Rollladen herunter, und jeden Morgen, wenn die Sonne aufgeht, eilst du ans Fenster, um wieder hinauszuschauen. Du führst ein idyllisches Leben.

Stellen wir uns nun vor, dass eines Tages etwas Unglaubliches geschieht, während du aus dem Fenster auf das erstaunliche, üppige, zauberhafte Paradies schaust, das du so liebgewonnen hast. Bagger und Laster fahren heran, Arbeiter steigen aus, und sie beginnen mit dem Bau eines riesengroßen Gartenzwergs, der deine Aussicht völlig ruiniert.

Nehmen wir an, Gartenzwerge haben dir noch nie gefallen. Was würdest du als Nächstes unternehmen?

A. Lernen, den Gartenzwerg zu mögen, weil auch er Teil der Schöpfung ist?

B. Von der Erinnerung zehren, wie es einmal war?

C. Dir einen Anwalt nehmen und einen Rechtsstreit beginnen?

D. Deinen Stuhl packen und in ein anderes Zimmer deiner Zaubervilla gehen, das eine völlig andere Aussicht hat?

Na? Bitte nur eine Antwort.

Aha!
Hab ich dich *erwischt!*

Du träumst schon wieder, du wärst ein Mensch.
Ich kann dir keinen Vorwurf machen. Was für ein Wahnsinnsspaß!
Du denkst dir wirklich die coolsten Abenteuer aus! Ich wette, sie
werden in ein paar hundert Jahren diverse Brücken, Städte oder
Plätze nach dir benennen!

Tut mir leid, dass ich dich gestört habe. Ich verziehe mich auch
gleich wieder. Meld dich mal, und pass auf, dass dir all die
Abenteuer nicht zu Kopf steigen. Denk daran, dass neun von zehn
Engeln hin und wieder träumen, sie wären Menschen, weil sie sich
darauf einlassen, alles so verdammt ernst zu nehmen.

Hey, siehst du heute wieder gut aus!

Ich hatte am *Wochenende*
eine Verabredung

mit einem herzallerliebsten Engelchen, aber es war tief, tief traurig.

Es fragte mit der süßesten Engelsstimme, wie es sein könne, dass
es so viel Liebe auf der Erde gebe, aber nur wenige sie fühlen. Dass
so viel Schönheit auf der Erde sei, aber kaum jemand sie
wahrnehme. Und wie es sein könne, dass es so viele Wunder gebe
und doch die meisten unerkannt blieben.

Das arme Ding.

Ich habe es dann an etwas erinnert, das viel wichtiger ist. Ich habe es daran erinnert, dass man von dieser Liebe eingehüllt ist, egal ob man von ihr weiß oder nicht.

Ob man die Schönheit nun sieht oder nicht, man mehrt sie dennoch. Und ob man die Wunder wahrnimmt oder nicht, man vollbringt sie trotzdem jeden Tag.

Da haben wir beide gestrahlt.

Egal ob die Menschen diese Dinge sehen oder nicht, eines Tages werden alle sie erkennen.

Wenn du es willst, dann *habe* ich es.

Ich habe es! Warum also woanders suchen? Bei anderen? In Zeit und Raum? Sind wir nicht eins?

Okay. Geh deinen Erdenangelegenheiten nach. Verfolg sie alle. Beweg dich im Einklang mit deinen Wunschträumen. Nicht, weil du dann dieses oder jenes erreichen wirst oder auch nicht, sondern weil du das Leben liebst. Weil du auf diese Weise meine Möglichkeiten exponentiell steigerst, mit dir gemeinsam Erfahrungen zu machen, und weil du es kannst.

Schließlich bist du der Grund dafür, warum ich es habe.

Es spielt keine *Rolle,*
was »die anderen« tun.

Dein Netto-Wert, deine Netto-Gesundheit und dein Netto-Glück
hängen ausschließlich von deinen Netto-Gedanken, Netto-Worten
und Netto-Taten ab. Allerdings ist kaum etwas in der Lage, dich so
schnell ärmer zu machen als die Vorstellung, es spiele eine Rolle,
was »die anderen« tun.

Du hast die Kraft.

Stell dir
bitte einmal

eine erleuchtete Seele vor.

Fällt dir Kwai Chang Caine aus Kung Fu ein?
Bestimmt ein netter Kerl, weil er meditiert und so.

Jetzt stell dir ein Wesen vor, das so lebendig ist, dass seine
Schwingungen all seine Sinne schärfen. Seine Energie erschafft
mühelos bestimmte Lebensumstände, ruft Freunde zusammen und
sprengt Grenzen. Es verliebt sich so in das Abenteuer des Lebens,
dass es nicht anders kann, als wie ein Kind spielerisch auf
Entdeckungsreise zu gehen, Neues auszuprobieren und all seine
Fähigkeiten wiederzuentdecken. Es will bei jedem »Spiel« dabei
sein. Es kann kaum erwarten, morgens aus dem Bett zu springen,
um den neuen Tag zu begrüßen. Es taucht in jede Welle ein,
einfach weil es das kann. Es versteht die Kraft der Gedanken und

geht dann hinaus in die Welt, um ihren Zauber zu erleben. Es klopft an jede Tür und dreht jeden Stein um, damit seine Wunschträume schneller Wirklichkeit werden.

Klar, man kann auch weniger tun und mehr haben, wenn man erst einmal erleuchtet ist. Aber wenn du erkennst, dass du selbst die Welt in deinen Händen hältst, dass deine Gedanken zu den Dingen und Ereignissen deines Lebens werden und dass es rein gar nichts gibt, das du nicht tun, sein oder haben kannst, würdest du dann weniger tun wollen?

Probier's einfach mal aus!

Das Universum

Ich weiß! Vielleicht könnte man mit einer neuen TV-Serie das Image der »Erleuchtung« in der Öffentlichkeit steigern, wie wär's mit: »Die wilden Götter«?

Ach!

Hallo, ich beschäftige mich gerade ein bisschen mit Buchführung. Was man als Universum eben so machen muss, du weißt schon. So ähnlich wie deine Steuererklärung. Oje, so viele Einnahmen und Ausgaben!
Nicht einfach, daraus schlau zu werden. Ich habe eine Art Quotensystem für die Zuteilung von Reichtum, Fülle, Freunden, Lachen – was immer du willst. Hier steht, du hättest »alles« bestellt, aber ich habe dir bisher noch gar nicht alles gegeben, was dir zusteht.

Hmm, sag mal, kommst du wirklich zu mir, wenn du was brauchst? Nutzt du das Universum, und setzt du deine Magie ein? Oder versuchst du, alles allein hinzukriegen?

Die spannendste Erkenntnis
überhaupt

besteht für dich wahrscheinlich darin, endlich zu verstehen, dass es ganz bei dir liegt, das Leben deiner Träume zu führen.

Es ist auch die furchterregendste.

Aber nur, bis du erkennst, dass ich zu deinem Du dazugehöre.

Ich muss dir
was *gestehen.*

Es gibt doch ein paar Menschen in deinem Leben, auf die du gut und gern verzichten könntest, oder?

Sie sind so etwas wie Setzlinge.

Nein, keine grünen mit Blättern. Es sind meine Hintermänner. So wie Agenten, die irgendwo eingeschleust werden. Sie sind in dein Leben gesetzt worden, weil sie dich testen sollen.

Ich weiß, ich weiß, ich hätte das nicht tun sollen, aber ich habe es nur gemacht, weil du mir so sehr am Herzen liegst.

Bei dem Test geht es darum, ob du es schaffst, dich nicht von ihnen provozieren zu lassen. Wenn du den Test bestehst, werde ich sie von ihrem Auftrag entbinden oder ganz rausziehen – je nachdem, was dir lieber ist. Gelingt es dir nicht, bleiben sie, wo sie sind, und im schlimmsten Fall vermehren sie sich wie Unkraut.

Ich hätte sie sowieso niemals eingesetzt, wenn du nicht darauf bestanden hättest. Was das mit dem Test bedeuten soll? Das war nur so ein Vergleich.

Wenn du ihnen das mit dem Unkraut erzählst, kannst du unsere Abmachung vergessen.

Das zu *bekommen,* woran man denkt,

geliebt und bewundert zu werden und die ganze Welt in Händen zu halten ist nichts, was man lernen, verdienen oder erzwingen kann.

Es reicht, nur zu atmen.

Weil du es nämlich schon bekommst, wirst und tust.

Du bist
einsame *Spitzenklasse.*

Du bist so toll, dass es mich umhaut. Wir sind total beeindruckt von dir.

Wie du dem Druck standhältst, wie du die Herausforderungen meisterst und wie schnell du wieder auf die Beine kommst, all das ist echt klasse. Du bist ehrgeizig, ausdauernd und stark. Verspielt, ausgelassen, lustig. Einfühlsam und verständnisvoll. Du bist überhaupt nicht zu bremsen. Und du hast immer Zeit für andere. Bist ein Prachtstück, also:

Wie wär's, wenn du es ab und zu ein bisschen lockerer angehst?

Coole *Party,*
oder?

Hast du schon mal so viele glückliche, lachende Menschen gesehen, die so ausgelassen und unbeschwert tanzen?
Das Essen kommt aus dem Feinkostladen. Der Koch aus Paris. Und die vielen Hubschrauber und Yachten, die alle auf die Insel bringen – nicht schlecht! Es ist ziemlich laut hier, lass uns zum Pool runtergehen … Nein, nicht zu diesem hier, zu dem anderen mit den Fackeln und Palmen, damit wir die Band nicht übertönen müssen.

Hier ist es besser. Vor der nächsten Tanzeinlage möchte ich mich bei dir bedanken, da ich dich jetzt gerade für mich habe. Danke dafür, dass du so ein fabelhaftes Vorbild bist, und natürlich auch dafür, dass du mich zu deiner Party eingeladen hast! Du hast dich mal wieder selbst übertroffen. Dein Haus ist ein Traum, deine Freunde sind der Wahnsinn und … O mein »Gott«! Ist das etwa Mick Jagger, der dort singt?! Sag bloß, du kennst Mick Jagger?!

Was feiern wir eigentlich dieses Mal?

Gewöhn dich dran.

Angst
bedeutet nur,

dass du vergessen hast, wie sehr du geliebt wirst, wie geborgen du bist und dass du wieder glücklich sein wirst – so glücklich wie nie zuvor.

Angst ändert nichts an diesen Tatsachen.

Nichts geht je
verloren

in diesem größten aller Abenteuer. Die Lektionen und Einsichten jedes einzelnen Lebens, egal wie groß oder klein, wie schwer oder leicht, werden dem Ganzen hinzugefügt. Wie Steine im Fundament einer Pyramide erhöhen sie jedes Abenteuer, das folgt, und stützen es dauerhaft. Und so kommt es, dass die Herzen derer, die vorangegangen sind, in allen nachfolgenden Generationen weiterschlagen, auf immer und ewig.

Jedes einzelne Leben zählt.

Du machst dir Sorgen?!
Warum?

Glaubst du wirklich, etwas könnte schiefgehen?
Bist du nicht Teil der Ewigkeit? Hast du vergessen,
wie sehr du geliebt wirst? Siehst du nicht, wie viel du schon
erreicht hast? Könntest du jemals besser aufgehoben sein?

Außerdem sind deine Engel gerade besonders fleißig …

Ich weiß,
wie's *geht!*

Ich weiß, wie's geht! Schick mich hin!

Stell dir vor, ich wäre eine wirbelnde Kugel aus Gold, die rein- und raus-, hin- und hersaust. Ich versöhne, helfe, tröste. Verstehe, zeige, heile. Überbrücke, erwecke, unterstütze.

Lass mich dein Heiler sein. Lass mich dein Anwalt sein. Lass mich dein Botschafter sein. Deine *Niña, Pinta* und *Santa María.* Ich erkunde, entdecke und erleuchte den Weg.

Denn es gibt keinen Ort, an den wir nicht gehen könnten, keinen Menschen, den wir nicht erreichen könnten, und nichts, was wir nicht tun könnten.

Ziemlich cool von mir, die Schiffsnamen von Christoph Kolumbus hier unterzubringen, oder?

Wenn du das »Wie« nicht herausfinden kannst,

dann betrachte es als Segen statt als Fluch.
Denn du hast ja keine Vorstellung, wie viel freier du wirst, wenn du dich einfach auf das gewünschte Endresultat konzentrierst, ohne Ängste, ohne Zweifel und ohne Sorgen. Das ist es, worauf es am meisten ankommt.

Du Glückspilz.

Weißt du, warum

wir hier, in der Weite des Universums, den Freitag genauso toll finden wie ihr?

Weil sich am Freitag alle Engel treffen und Geschichten über außergewöhnliche Heldentaten, unglaubliche Schönheit und innige Liebe austauschen, die sie überall auf eurem erstaunlichen kleinen Planeten erlebt haben.

Schon gut, sie tun das jeden Tag, aber nur am Freitag schmettern sie auch fröhliche Lieder zum Auftakt des Wochenendes.

Hätte ich *Nähte,* so würden sie platzen.

Schranken, so würden sie einstürzen. Zweifel würden verschwinden, Tränen trocknen. Sorgen wären Vergangenheit. Denn ich, dein treu ergebener Diener und liebevoller Beschützer, der deine geheimsten Gedanken kennt, dich auf allen Wegen begleitet und in jedem Atemzug bei dir ist, bin überglücklich mit deiner Entwicklung.

Natürlich weißt du nicht, wovon ich rede, aber du wirst es erfahren. Und glaub mir, auch du wirst überwältigt sein.

Ich musste das jetzt mal loswerden, sonst wäre irgendwas geplatzt.

Wie gut, dass ich keine Nähte habe.

Es geht nicht *darum,* was »die anderen« tun;

es geht darum, was du tust.

Um die anderen kümmere ich mich.

Vertrau mir.

Okay. Stellen wir uns einmal vor,
du *spazierst*

durch einen Wald. Ganz allein, weit weg von zu Hause, mit dir
selbst beschäftigt und in deine Gedanken versunken. Da taucht
plötzlich wie aus dem Nichts ein riesiger Grizzlybär vor dir auf,
stellt sich auf die Hinterbeine und versperrt dir brüllend den Weg.
Du siehst seine großen, weißen Reißzähne, die Krallen seiner
Tatzen, die die Luft durchschneiden; du fühlst seinen heißen Atem
in der kühlen Morgenluft und merkst, dass sich dein ganzer Körper
zusammenkrampft. Bruchteile von Sekunden erscheinen dir wie
eine Ewigkeit. Dein Verstand will sich abmelden, doch plötzlich
gewinnst du die Kontrolle über die Situation zurück. Adrenalin
schießt in dein Blut, deine Muskeln sind bereit, und dein Herz
klopft laut. Dein Instinkt bestätigt, was du im Inneren fühlst: Dieses
»Etwas« ist verrückt! Es hat Angst! Es will dich vernichten!

Was tust du als Nächstes?

Bildstopp.

Okay. Stellen wir uns nun vor, du lebst ein normales Leben wie
alle anderen auch. Meist bist du glücklich und zufrieden. Da
taucht plötzlich wie aus dem Nichts eine riesige Rechnung auf.
Eine wichtige Beziehung steht kurz vor dem Aus. Deine über Jahre
aufgebaute Karriere ist akut gefährdet. Oder du erreichst einfach
nicht »mehr«. Mehr von allem: Wohlstand, Gesundheit und
Harmonie. Du bist verwirrt. Du bist sauer. Du hast Angst. Wie
kann das sein? Wieso muss dir das passieren? Was ist da los? Deine
Gedanken überschlagen sich. Du meinst, du müsstest die
Brandherde löschen, einen Wutanfall bekommen, jemandem den

Hals umdrehen und die ganze ungerechte Welt mitsamt den Idioten, die meinen, mit dir könnten sie es ja machen, zum Teufel schicken. Was tust du als Nächstes?

Bildstopp.

Siehst du die Parallelen?

Erkennst du, dass die Aufmerksamkeit, die du deinen »Ungeheuern« schenkst, ob du sie nun bekämpfst oder vor ihnen fliehst, dich nur noch stärker in ihren Bann zieht? Dass es bei einer Krise oder Herausforderung am besten ist, still zu werden, nach innen zu gehen und seine Aufmerksamkeit auf etwas anderes zu lenken? Ich weiß, es ist das genaue Gegenteil von dem, was dir der gesunde Menschenverstand sagt.

Einfach? Nein.
Lebensrettend? Ja.

Wie? Üben.

Weil wir gerade von *Bären* sprechen …

Weißt du, dass du, wenn du einen aufgeschreckt hast, ganz still stehen bleiben oder dich sogar auf den Boden werfen und wie ein Embryo zusammenrollen sollst? So wirkst du weniger bedrohlich, und nachdem er dir seinen Atem den Nacken hinuntergepustet und wie Tarzan gebrüllt hat, wird der Bär dich in Ruhe lassen.

Was ist, wenn du, nachdem du dich zusammengerollt hast, noch immer Angst hast? (Die wirst du haben.) Was ist, wenn du die Wirksamkeit deiner Strategie anzweifelst? (Das wirst du tun.) Was ist, wenn du dich sorgst und fragst, ob du gleich vom Bären zum Frühstück verspeist wirst? (Das wirst du befürchten!)

Es spielt keine große Rolle, oder? Dein Verhalten wird mehr Eindruck machen als deine Angst, und der Bär wird schnell das Interesse an dir verlieren.

Verstehst du? Du brauchst dir keine Sorgen zu machen, wenn du manchmal Zweifel, Ängste oder einschränkende Überzeugungen in Bezug auf das Leben deiner Träume hast, solange du tust, was du für richtig hältst.

So zu tun, als ob Wünsche schon erfüllt sind, ist kraftvoll. Sehr, sehr kraftvoll. Die ganze Realität wird beeinflusst, sogar manipuliert, wenn du so tust, als ob.

Selbst wenn es dir blöd vorkommt (könnte sein), selbst wenn du die Wirksamkeit deiner Strategie anzweifelst (könnte sein), selbst wenn du dir noch immer wegen all der »schlimmen Dinge« Sorgen machst (das wirst du!) – bitte tu wenigstens einmal am Tag so, als würdest du Fortschritte machen, als hättest du bereits, was du brauchst, und als würden all deine Wunschträume wahr.

Ich habe viel mit Bären gemeinsam. Ich lasse mich leicht von denen täuschen, die etwas vorgeben. Ich lasse dich aber nicht allein, sondern bringe die ganze Welt dazu, mitzuspielen. Ich kann gar nicht anders.

189

Was
immer du tust,

um deinen Wunschträumen näherzukommen,
ich lege noch eins drauf.

Wie
willst du wissen,

dass etwas nicht funktioniert hat, außer wenn du es sein lässt?

Tatammm!

Das Universum

Es funktioniert aber doch, du kommst der Sache näher, es wird leichter –
und außerdem siehst du wirklich phantastisch aus!

Willkommen
zu Hause, mein Lieber!

Willkommen zu Hause! Jaja, ich habe schon davon gehört. Es ist
in Ordnung. Entspann dich und leg dich in die Badewanne;
eigentlich solltest du dich erst einmal richtig einweichen. Mach dir
keine Gedanken. Lass dir Zeit. Die Party hier hört nie auf. Oh!
Vorsicht! Du tropfst auf die Botschaft, die ich gerade schreibe!

Ach, hallo! Entschuldige. Ich habe gerade einen anderen Abenteurer begrüßt, der am Amazonas eine ziemlich hässliche Erfahrung mit Treibsand gemacht hat. Helfer waren schon unterwegs, aber du hättest sehen sollen, wie er mit den Armen herumgerudert hat! Es hatte ihn völlig unerwartet gepackt, und ich meine wirklich »gepackt«, aber das ist schon in Ordnung. Es gibt keine Zufälle, weißt du.

Ist nicht das »Treiben« in Treibsand oder, um ein angenehmeres Bild zu verwenden, das »Sich-treiben-Lassen« in einer sonnenüberfluteten Lagune vergleichbar damit, wie man das Leben seiner Träume führen kann?

Je mehr körperlichen Einsatz man zeigt, je mehr man sich abmüht, oben zu bleiben, desto schneller sinkt man. Man muss die umgekehrte Taktik anwenden, um Erfolg zu haben. Bleib bei Krisen oder in besonders schönen Momenten ganz ruhig, und lass dich nicht vom äußeren Schein aus dem Gleichgewicht bringen – statt wild um dich zu treten, zu schreien und ein Stoßgebet nach dem anderen loszulassen. Konzentrier dich weiter auf das, was du willst, und bedanke dich immer wieder. Auftrieb, Erfolg und die Magie stellen sich automatisch ein.

Lass mich dich nach oben tragen. Nur so kannst du dorthin gelangen.

Willst du
wissen,

was wirklich schön ist?
Vertrauen.

Willst du wissen, was wirklich kraftvoll ist?
Durchhaltevermögen.

Willst du wissen, was wirklich sexy ist? (Damit kenn ich mich aus, glaub mir.)
Wenn man es nicht braucht, gebraucht zu werden.

Und wenn »die anderen« noch immer nicht mitkriegen, wie gut du aussiehst, wie stark du bist und wie selbstbewusst du daherkommst … dann können sie dir leidtun, oder?

Wer braucht schon Botox?

Du bist nicht
in *Zeit* und Raum,

um lauter Elfmeter zu schießen. Das könntest du gar nicht, selbst wenn du es wolltest. Es geht nicht. Es ist schier unmöglich. Außerdem würde schon der Versuch so viel Stress auslösen, dass selbst die robusteste Seele überfordert wäre.

Die Elfmeter sind meine Aufgabe. Du spielst mir den Ball nur zu.

Willst du einen neuen Job, spiel mir den Ball zu. Willst du mehr Freunde, spiel mir den Ball zu. Willst du abnehmen, etwas für deine Beziehungen tun oder reich werden, dann spiel mir den Ball zu.

Egal wie du ihn mir zuspielst, ich schaffe es auf jeden Fall, den Ball ins Tor zu bringen.

Würdest du mir jetzt bitte endlich den Ball geben?

Hier kommt eine
Insiderinformation,

die Antwort auf deine Frage. Der Weg, das Licht, die Tür. Die in der Realität am häufigsten übersehene Wahrheit. Die Wahrheit, die man nur vollkommen begreifen kann, wenn man den gesunden Menschenverstand beiseitelässt:

Willst du Veränderungen herbeiführen (große oder kleine, besonders wichtig ist es bei großen), das Leben deiner Träume manifestieren oder den perfekten Parkplatz finden, dann ist es viel entscheidender, darüber nachzudenken, was du willst – welches Endresultat du anstrebst –, als zu überlegen, wie du es erreichen kannst.

Deswegen müssen die meisten Leute ihre Einkäufe ans hinterste Ende großer Parkplätze schleppen.

Zufall?

Meinst du, es ist purer Zufall, dass du genau so aussiehst, wie du aussiehst?

Meinst du, deine Körpergröße, die Farbe deiner Augen, der Klang deiner Stimme sind Zufall?

Meinst du, deine Lebensweisheit, deine Wahrnehmungsfähigkeit oder dein Sinn für Humor sind das Ergebnis genetischer Zufälle?

Nein. Du bist genau so, wie du jetzt bist, einschließlich jeder einzelnen Sommersprosse und deines Charmes, weil du auf diese Weise mit deinem Leben in Zeit und Raum am meisten bewegen kannst.

Und genau das tust du.

Es gibt *niemanden* in deinem Leben,

der dich nicht schon immer geliebt hat.

Manche lernen nur gerade erst, es zu zeigen.

Genauso wie du selbst.

Es kommt *nur* darauf an,

bei allem, womit du konfrontiert bist, alles einzusetzen, was du hast. Allein darauf kommt es an. Denn laut Bauplan ist das, was du mitbringst, immer stärker.

Ich bin so stolz auf dich,

Das Universum

Ich habe mich *entschieden*

wegen deines Traumjobs.

Du kannst ihn haben.
Sobald du dich entschieden hast.

Nichts für ungut.

Materielle *Fülle*

ist nichts anderes als Geist, der feiert und sich freut.

Übrigens ist sie auch die unvermeidbare Konsequenz von Erleuchtung.

Sei nicht
unzufrieden.

Die Zeit ist auf deiner Seite.

Ebenso *alle* Engel.

Und »Nein« ist nie das letzte Wort.

Klarstellung

Im Abenteuer des Lebens gibt es keine Pluspunkte für Leiden, Verzicht oder Tränen. Auch nicht für das Aushalten von Schmerz, für Uneigennützigkeit oder Selbstlosigkeit. Es gibt sie nicht einmal für Großzügigkeit, Dankbarkeit oder Mitleid.

In Zeit und Raum gibt es keine Pluspunkte, fertig.

Tu einfach, was dich glücklich macht.

Augenöffner
für Abenteurer.

Hier sind sie, die drei Säulen der Realität. Die einzigen absoluten Wahrheiten des Seins, das Fundament allen Bewusstseins. Der Heilige Gral. Sie existieren, auch ohne dass man an sie glaubt, sogar wenn man das Gegenteil glaubt.

Erstens, es gibt nur Liebe.

Zweitens, alles gehört zu mir, ist eins.

Drittens, Gedanken werden Dinge.

Alles andere, wie Schwerkraft, Karma, Relativität und so weiter, ist untergeordnet und kann durch jede einzelne dieser drei Wahrheiten im Handumdrehen überboten oder sogar außer Kraft gesetzt werden.

Ich weiß nicht genau, warum ich sieben Trillionen Jahre damit gewartet habe, dies weiterzugeben. Vielleicht, weil es sieben Trillionen Jahre gedauert hat, bis jemand darüber nachgedacht hat. (Du bist super.)

Ist ja auch egal, jetzt weißt du's. Hinter diesen Wahrheiten halte ich mich verborgen und ziehe die Fäden. Und jetzt weißt du auch, wie vollkommen frei und kraftvoll und unendlich du immer sein wirst.

Hast du gemerkt, dass nur eine dieser drei Wahrheiten eine Variable enthält?
Dort kommst du ins Spiel.

Wenn du nicht gleich
Erfolg hast,

so bedeutet das nur, dass du ihm näherkommst.

Meide
Grauzonen.

Darin wird durch Lügen wie »vielleicht«, »irgendwann einmal«
und »ich weiß nicht« ein trügerisches Gefühl der Sicherheit
erzeugt.
Es gibt eine Wahrheit. Es gibt einen Weg. Das Leben ist absolut,
und seine Prinzipien sind klar definiert. Was du aussendest,
kommt unweigerlich zu dir zurück. Stell Fragen, und du wirst die
Antworten erhalten.

Denk, sprich und handle in Übereinstimmung mit dem, was du
dir wünschst, und *nichts* wird so bleiben, wie es war.

Arbeitest du am
Wochenende?

Ich auch. Na ja, Kriege, Chaos und dann noch dieser Vogelgrippe-
Erreger. Vielleicht schaue ich zu viel Fernsehen.

Du glaubst mir wahrscheinlich nicht, aber ich bin genauso
machtlos wie du, wenn es darum geht, das Leben anderer zu

leben. Da bin ich eine völlige Null. Ich weiß noch nicht einmal, was morgen passieren wird.

Auf der anderen Seite bist du genauso kraftvoll wie ich, wenn es darum geht, dein eigenes Leben zu führen. Du entscheidest, was dir bestimmt ist. Du kannst alles haben, was du willst. Grippe hin oder her, Krieg hin oder her – alles ist möglich, eben aber auch Schock, Entsetzen und vieles mehr.

Verschenk diese Kraft nicht, indem du gebannt zuschaust, was in der übrigen Welt geschieht, denn du kannst entscheiden, was in deiner eigenen geschehen wird.

Das Universum

Ich sehe dich dann in den Nachrichten.

Hoffen,
wünschen und beten

sollten nie mit dem Handeln verwechselt werden.

Weißt du, was ich meine?

Hör nicht auf, dein Bestes zu geben, mit dem, was du hast, und von dort aus, wo du gerade stehst.

Herzschmerz,
Krankheiten,

Hungersnöte und Kriege …

Weißt du eigentlich, dass ein Engel, der Zeit und Raum nur aus der Distanz kennt und der die Menschen seit Millionen von Jahren dabei beobachtet, wie sie voller Leidenschaft ihr Erdenleben führen – und ihnen dabei jahraus, jahrein zu Hilfe eilt –, dass er auch einmal selbst, als Mensch aus Fleisch und Blut, die Vielfalt des Lebens erfahren möchte?

Gut. Meinst du etwa, dieser Engel wird darauf bestehen, ein perfektes, blitzsauberes Leben ohne Herausforderungen, ohne Verluste und ohne die Illusion des Todes zu führen? Oder glaubst du nicht vielmehr, dass er unbedingt das ganze Paket will – vor allem weil er weiß, dass er nach jedem Abenteuer wieder mit allen anderen Engeln zusammen sein kann, geborgen in meiner Hand?

Ist das nicht grandios?

Die wenigsten haben sich ausgesucht, dass man ihnen das Herz bricht, dass sie mit einer Krankheit infiziert werden, dass sie Hunger leiden oder plötzlich sterben müssen. Und noch weniger Menschen haben je über diese Dinge nachgedacht, bevor sie sie am eigenen Leib erfahren mussten. Doch alle haben lange und ausführlich über das Abenteuer des Lebens nachgedacht. Sie haben sich vorgestellt, wie sie von ihrer Leidenschaft und ihren Gefühlen gepackt werden, damit sie letztendlich ihre göttliche Herkunft erkennen, ihre Kraft entdecken und Perfektion erleben können. Unerwartete »Missgeschicke« dienen nur als Brücken zu diesen Zielen, so wie die Stufen einer Leiter, die nicht zu einem Ende hinführen, sondern zu neuen Anfängen in einem Panorama des SEINS, das zu weit gespannt ist, als dass das menschliche Auge es je in seiner Ganzheit erfassen könnte.

Ein
Paradoxon

aus der Sicht deines Freundes, des Universums:

Es scheint, als wären die meisten Menschen auf der Erde unzufrieden, beunruhigt und schlaflos wegen der Dummheiten, die sie gemacht haben. Es ist schon komisch, aber später, wenn sie einmal hier sind, werden sie eher von den Gedanken an die Dinge verfolgt, die sie nicht getan haben.

Ich lache doch gar nicht.

Du
und ich,

wir sind älter als die Sonne, weiser als der Mond und weiter als die Weiten des Weltalls. Wir sind immer zusammen gewesen, wir werden immer zusammen sein, und nichts wird je etwas daran ändern, bis es so weit ist und alle wissen, dass wir eins sind. Was immer du dir vorstellen kannst, kann ich geschehen lassen. Was immer du willst, habe ich bereits für dich. Und solange du Gedanken hast, die du denken, Träume, die du dir ausmalen, und Samen, die du säen kannst, wird NICHTS für uns unmöglich sein.

Ich versuche gerade, dir klarzumachen, dass wir alles, was du dir im Moment wünschst, erreichen können.

Deine Wünsche sind das, was ich mir für dich erträumt habe.

Der beste *Umgang*

mit einer schmerzvollen Vergangenheit besteht immer darin, in der Gegenwart zu leben.

Hallo, du da in Zeit und Raum!

Vielleicht kannst du mir erklären, was heutzutage mit den Menschen bei euch los ist – und ich will es ganz genau wissen!

Möglicherweise hat es etwas mit der Erderwärmung zu tun, oder die gute alte Kontinentalplattenverschiebung bringt eure »Schaltkreise« durcheinander. Keine Ahnung, was es ist, aber ich höre immer öfter Leute behaupten, sie hätten übernatürliche Kräfte. Ich sehe Typen, die benehmen sich wie Rockstars. Und wenn es Zeit ist, etwas zu erbitten, ersetzen sie »Darf ich?« und »Wenn es für dich in Ordnung ist« durch völlig überzogene Erwartungen. Es kommt mir vor, als wollten sie alles!

Also gut, was immer du willst; die Zeit ist reif!

Glaubst
du,

das Leben würde dir genauso viel Spaß machen, wenn du einige deiner glücklichsten Tage im Gegenzug dafür hingeben könntest, dass dir einige der traurigsten erspart blieben?

Glaubst du, das Leben würde genauso viel Spaß machen, wenn du sicher sein könntest, dass einige deiner Wunschträume wahr werden, indem du auf andere verzichtest?

Wie wäre es, wenn nur deine »guten« Gedanken Dinge würden. Oder würdest du nicht doch lieber immer alles wollen?

Habe ich's doch gewusst! Du kommst ganz nach mir.

Es gab einmal
eine Zeit

in der Geschichte der Menschheit – lang, lang ist's her –, da war die Erde ein blühendes Paradies. Das Lebens auf dem Planeten war von unglaublicher Vielfalt und Schönheit. Eine einzige Blütenpracht allerorten. Tiere wurden wie Familienmitglieder geliebt. Und Menschen, die sich noch nie gesehen hatten, lächelten und winkten sich zu, da jeder seinem natürlichen Impuls folgte, freundlich zu sein, zu geben und zu lieben.

Ja, so war es. Und seitdem hat sich kaum etwas verändert.

Sieh das Gute.

Natürlich gab es damals noch keinen Discovery-Sender, deshalb wussten nur wenige, wie reich gesegnet sie wirklich waren.

Mit großen
Wunschträumen

habe ich keine Schwierigkeiten, aber mit kleinen.

Tu uns allen einen Gefallen: Denk RIESENGROSS.

Denk mal an all die *Dinge,*
ohne was auszulassen.

Und stell dir dann vor, jeder Berg, der vor dir liegt, jede Last, die du herumschleppst, jeder Geldschein, den du manifestieren willst, sei aus Sternenstaub.

Plötzlich – *tataaaaa!* – ist es nicht mehr so überwältigend, die Herrschaft über alle Dinge zu haben, oder?

Magst du Beethoven? Dann solltest du dir seine letzte Sinfonie anhören.

In all den *Jahren*
als Universum

habe ich nicht ein einziges Mal eine Gegenleistung verlangt, von niemandem, nirgendwo.

Ich finde das ziemlich anständig von mir. Meinst du nicht auch?

Denk weniger, *fühl* mehr.

Wie kümmerst du dich um die fragliche *Angelegenheit?*

Denn erst wenn du alles tust, kann auch ich alles tun – zum Beispiel Wunder und Ähnliches.

Die *Last*

mit lästigen Leuten ist, dass die, denen sie auf die Nerven fallen, meist viel von ihnen lernen können.

Liebe sie alle.

Wenn du um »*Zeichen*« bitten musst,

dann versteh dieses Bedürfnis als »Zeichen« dafür, dass »Eile mit Weile« deine Gangart sein sollte.

Manche
Leute

denken genau die richtigen Gedanken. Doch wenn sie nicht ihr Bestes tun – mit dem, was sie haben, und von dort aus, wo sie gerade stehen –, ist leicht zu erraten, was sie wahrscheinlich sonst noch so denken.

Und diese anderen Gedanken sind ebenfalls fleißig bei der Arbeit.

Heute gibt es
Zeugnisse!

Hier ist dein Zeugnis aus der Schule des Lebens.

Mitgefühl: Note 1+
(*ist hilfsbereit, sogar wenn keiner zuschaut*)

Intuition: Note 1+
(*natürliche Begabung*)

Fähigkeit, die Dinge aus der Sicht eines anderen zu sehen:
Note 1+
(*verlässt praktisch den eigenen Körper*)

Spirituelle Aufgewecktheit: Note 1+
(*Aura beginnt zu strahlen*)

Ausdauer und Anpassungsfähigkeit bei unerwarteten
Veränderungen: Note 1+
(*wie ein Batterie-Häschen*)

Unverbesserlicher Optimismus: Note 1+
(*Stehaufmännchen*)

Betätigung des Dankbarkeitsmuskels: Note 1+
(*bekommt Nachschlag aus der Küche*)

Gutes Aussehen: Note 1+
(*ziemlich heiß*)

Geduld und Freundlichkeit sich selbst gegenüber: hmm, Note 1
(*könnte etwas verspielter sein*)

Tägliches Visualisieren: …

Vertrauensvolles Handeln im Einklang mit Wunschträumen: …

Du bist toll! Du hast in den schwierigsten Kursen in Zeit und
Raum überall Bestnoten geschafft! Die letzten zwei Fächer sind die
leichtesten, deshalb darfst du dich hier selbst benoten.

Stell dir
einmal vor,

das Universum wäre ein großes McDonald's-»Drive-In«-Restaurant. Und nehmen wir an, eines Tages bekommst du unterwegs einen Bärenhunger.

Zuerst fährst du zur Speisekarte, die draußen hängt, entscheidest dich, was du haben willst, und gibst deine Bestellung auf. Der entscheidende Punkt? Du MUSST eine Entscheidung treffen und die Bestellung aufgeben.

Als Zweites fährst du mit dem Auto zu Fenster Nummer 1 und bezahlst. Der entscheidende Punkt? Du musst noch einiges tun, obwohl du die Bestellung schon aufgegeben hast.

Als Drittes fährst du zu Fenster Nummer 2 und nimmst dein »Happy Meal« in Empfang. Der entscheidende Punkt? Die Sache ist leicht für dich, aber du musst in Bewegung bleiben.

Punkt 4: Du kannst zu jedem Zeitpunkt deine Meinung ändern und etwas anderes bestellen. Das macht zwar Umstände, aber manchmal lohnt es sich.

Punkt 5: »Happy Meals« werden dich nicht wirklich glücklich machen. Genauso wenig wie alles andere, das du dort bestellen kannst. Doch diese Vorgehensweise, der Weg der bewussten Manifestation von Wünschen, macht einen Riesenspaß und wird dich schließlich an deine Göttlichkeit erinnern.

Punkt 6: Wenn du bekommst, was du willst, gewinnen alle.

Punkt 7: Das Universum ist dazu da, dich zu versorgen.

Sei mal
ehrlich,

und denk an all deine Wunschträume, die bereits Realität geworden sind.

Es sind viele, nicht wahr? Jede Menge. Du hast es hier schon zu Ruhm gebracht.

Erinnerst du dich eigentlich noch an die Zeit, bevor deine größten Wünsche wahr wurden, an die Zeit des Drängens, Bemühens und Strebens, des Hoffens, Sehnens und Betens? Damals hast du gedacht: »Dann werde ich freier sein. Dann werde ich selbstbewusster sein. Dann werde ich wissen, dass alles möglich ist. Ich werde überglücklich sein!«

Hey, was ist passiert?

Es
funktioniert.

Zugegeben, du siehst es wahrscheinlich noch nicht, aber ich.

Räder drehen sich, die sich noch nie gedreht haben. Ein Lüftchen weht, wo sich sonst nie ein Hauch gerührt hat. Und von allen Ecken und Enden bewegen sich Mitspieler wie hypnotisch dorthin, wo sie gebraucht werden. Dies alles geschieht nur deinetwegen, wegen deiner Wunschträume und wegen deiner göttlich hartnäckigen Ausdauer.

Wäre ich nicht das Universum, ich würde es nicht glauben.

Es funktioniert.

Halt dir bitte mal dein heutiges Leben vor *Augen,*

wie es gerade aussieht und wo du gerade stehst.

Gut. Nun halt dir bitte das sagenhafte Leben deiner Träume vor Augen.

Prima. Erkennst du, dass du ohne mich nicht in der Lage bist, von hier nach dort zu gelangen?

Dachte ich mir. Erkennst du aber auch, dass ich nicht in der Lage bin, es ohne dich zu schaffen?

Sehr gut, jetzt haben wir's schon fast! Und erkennst du außerdem, dass du nicht kannst, was ich kann? Und dass ich nicht kann, was du kannst?

Das ist wichtig!

Ich bin da, wann immer du einen Wunschtraum verfolgst. Ich will für
dich, was du selbst willst. Und ich kenne immer den mit Abstand
schnellsten Weg, etwas zu erreichen. Doch um mich einzuspannen, um
die Magie einzusetzen, musst du zuerst deine eigenen Fähigkeiten
nutzen. Zögere nicht, sei kühn, hab Vertrauen.
Nutz deine Phantasie, visualisiere und fang an, das Leben deiner
Träume zu führen, und zwar schon heute und so intensiv wie möglich.
Dann wird das Bergeversetzen unsere leichteste Übung sein.

Boah …

War es geplant, dass das passiert ist? Hast du absichtlich
den Lauf der Dinge verändert?

Ist dir überhaupt klar, welche weiten Kreise das zieht?

Damit du es weißt: Dies sind die unvermeidlichen Folgen deiner
Achtsamkeit, Geduld und grenzenlosen Liebenswürdigkeit.

Ich mag es, wenn du wild und leidenschaftlich bist.

Ich habe dir nicht
die *Kraft*

und Herrlichkeit gegeben, damit du dich mühsam durchschlägst,
dich selbst verleugnest und aufopferst. Ich habe
dir nicht die Herrschaft über alle Dinge gegeben, damit nur ein
paar deiner Wunschträume wahr werden.

Ich hab dir all das gegeben, damit du haben, tun und sein kannst, was immer du willst.

Verstanden?

Abrakadabra ...

So, das dürfte reichen.

Du bist jetzt weiser, als du es je warst;
jünger, als du es je sein wirst, und weniger anfällig dafür,
dich nach etwas zu sehnen, ohne gleichzeitig zu handeln,
zu beten, ohne zu vertrauen, und zu hoffen, ohne dich an die
Magie zu erinnern.

Ha! Wer will schon Lotterie spielen.

Gut, wenn man das Universum kennt!

Und bitte denk an deine neuen Fähigkeiten.

Du hattest schon *immer* etwas an dir,

ein gewisses Etwas, und ich glaube, dass ich es endlich mehr zu fassen bekomme.

Wenn es dich nicht gäbe, auf wen würden die Engel dann zeigen, wenn sie sagen: »Von unserem Schlag, nur mutiger«?

Du inspirierst uns Tag für Tag.

In tiefem Stolz

Das Universum

Hallo!
Stopp! Puh!

Bin ich froh, dass ich dich gleich heute Morgen erwische; heute ist nämlich wieder einer dieser Tage.

Du weißt schon, einer dieser Tage, an denen alles wie am Schnürchen läuft, ein Tag, der sich im wahrsten Sinne des Wortes entfaltet: Augenblick für Augenblick, Anruf für Anruf, Ereignis für Ereignis. Genau den Gedanken entsprechend, die du wählst, Augenblick für Augenblick, Anruf für Anruf, Ereignis für Ereignis, und das geht jetzt sofort los.

Du bist so kraftvoll, dass dir die ganze Welt zu Füßen liegt und nur auf deine Anweisungen wartet. (Zumindest heute, weil heute einer dieser Tage ist.)

Ganz im Ernst, heute wird alles wie am Schnürchen laufen, und du zauberst ein Kaninchen nach dem anderen aus dem Hut.

Findest du diese
übertrieben *tugendhaften* Menschen,

die dir erzählen, man müsse das Leben nehmen, »wie es eben ist«, nicht auch zum Davonlaufen?

Mir geht es genauso, aber wir wollen Geduld mit ihnen haben.

Die Sache ist nicht die, das Leben zu nehmen, wie es eben ist. Es geht darum, dass du die einzigartige Möglichkeit hast, Tatsachen zu schaffen und Umstände zu gestalten, Spieler in Bewegung zu setzen und Bündnisse zu schmieden, deinen Verstand zu gebrauchen und die Magie zu nutzen, damit du alles haben kannst – die Sonne, den Mond und die Sterne.

Punkt.

Herausforderungen
und ungelöste Fragen und Probleme.

Löwen und Tiger und Bären. Das bin nur ich selbst!
Sie tauchen auf, wenn du vergessen hast – und wieder daran erinnert werden musst –, wie unglaublich kraftvoll du in Wirklichkeit bist.

Du wirst alles erfolgreich meistern.

O ja!

Klar, ich hätte dir aufschlussreiche Stichworte in die Hand drücken, einen Privatlehrer besorgen oder dich auf Seminare schicken können, aber nein! »Ich will so sein wie die anderen. Ich will meine eigene Realität erschaffen. Du hast gesagt, ich darf das allein machen!«

Ach, als Universum hat man's nicht leicht.

Kennst du dieses
Gefühl?

Dieses begierige Ergreifen des Moments. Den optimistischen Blick in die Zukunft. Und das Vertrauen darauf, dass du genau zur richtigen Zeit am richtigen Ort bist. Dieses Gefühl, das dunkle Tage erhellt und helle Tage erstrahlen lässt. Das jeden Durchbruch, jeden Sieg und jede Hochstimmung ankündigt.

Ja, genau dieses Gefühl!

Es kommt allerdings nicht einfach von selbst.

Du musst es dir zugestehen.

Trau dich.

Wenn es dir hilft, dann lass dir von mir gesagt sein, dass du genau zur richtigen Zeit am richtigen Ort bist.

Das Wort
der *Woche*

ist dieses Mal Salamander.

Sa-la-man-der.

Hey, was gefällt dir nicht an Salamander?

Die Salamander waren eine Möglichkeit für mich, noch »mehr« zu werden, als ich war, bevor es Salamander gab.

Weißt du, ich hätte genauso gut Gürteltiere oder das chemische Element Wolfram oder die Farbe Pink wählen können, weil ich auch vor diesen weniger war, aber ich habe mir die Salamander ausgesucht. Vielleicht weil sie als Amphibien in zwei Welten leben. Ja, sie leben in zwei Welten: im Wasser und an Land.

Verstehst du langsam, worauf ich hinauswill?

Siehst du, was ich damit meine?

Du bist ein wenig wie ein Salamander …
(nicht, weil du an Land lebst)

Danke, dass ich durch dich »mehr« geworden bin an Körper und Geist.

Ich stehe tief in deiner Schuld.

Hallo … äh …
'tschuldigung,

es ist superwichtig, dass du diese Botschaft sofort liest. Jetzt gleich!
Bitte lass alles stehen und liegen.

Hast du daran gedacht, im Voraus dafür zu danken, dass du dich
selbst nicht »verlierst«, wenn du in den Hafen deines Glücks
einläufst? Im Ernst. Dafür, dass du dankbar, aufmerksam und
inspiriert bleibst, lange nachdem sich alle Schleusentore geöffnet
haben?

Weißt du, die Menschen verändern sich häufig, wenn der
magische Wind des Glücks ihre Segel füllt. Und manchmal ist es
nicht schön anzusehen.

Das soll aber nicht heißen, dass da was auf dich zukommt (ich
sage nie die Zukunft voraus, Überraschungen sind mir lieber).
Nehmen wir jedoch mal an, rein hypothetisch, dass du dich auf
unglaublich gute Zeiten freuen kannst (oder eine andere Person,
das ist nur ein Beispiel).
Neue Freunde. Lachen bis zum Umfallen. Hüpfen, tanzen und
Händchen halten. Ein neues, traumhaftes Haus in den Bergen
(psst, das ist rein hypothetisch, flipp jetzt bitte nicht aus). Ich
dachte, der Zeitpunkt wär günstig, dir endlich mal zu sagen, wie
sehr ich dich mag, so wie du bist.

Uff, das war knapp!

*Man kann gar nicht vorsichtig genug sein, kurz bevor der Zauber sich
entfaltet – ganz allgemein gesagt. (Bitte bedanke dich im Voraus dafür,*

dass du dich selbst nicht »verlieren« wirst. Du hast dafür nicht mehr viel
Zeit!)

Ich muss heute
etwas *klarstellen:*

Du schuldest niemandem jemals irgendetwas.

Wer auch immer die Menschen in deinem Umfeld sind, du bist in
ihrem Leben, weil es ihnen gedient hat. Es hat ihr Leben
bereichert. Das ist es, was sie wollten. Du bist nicht in ihrem
Leben, weil sie dir dienen wollten. Du darfst dich deswegen gut
fühlen. Das ist das schönste Kompliment.

Sie sind in deinem Leben, weil es dir gedient hat. Es hat dein
Leben bereichert. Das ist es, was du wolltest. Der Hauptgrund,
warum sie in deinem Leben sind, bestand und besteht nicht darin,
dass du ihnen dienen wolltest. Auch deswegen darfst du dich gut
fühlen. Das hält die Welt am Laufen. So funktioniert es.

Und es ist in Ordnung, wenn sich deine Bedürfnisse und die der
anderen ändern sollten. Auch das hält die Welt am Laufen.

Ich hoffe, das macht dir keine Kopfschmerzen.

Du bist frei.

Du hast mein Leben übrigens schon immer bereichert.

Ach, wenn Wunschträume
über *Bord* geworfen werden

im Namen der Logik, weil sie angeblich unvernünftig,
undurchführbar oder bloße Hirngespinste sind, bricht es mir
das Herz.

Aber es ist genauso traurig, wenn die Logik im Namen von
Wunschträumen über Bord geworfen wird, weil jemand
Grundprinzipien wie »Alles ist möglich«, »Gedanken werden
Dinge« und »Träume werden wahr« übermäßig vereinfacht
anwendet.

Logik hat ihre Berechtigung. Nicht, weil sie hilft zu beschreiben,
wie die Realität im Grunde beschaffen ist (dazu taugt sie nicht),
sondern weil sie dazu beitragen kann, den Weg des geringsten
Widerstands durch ein Labyrinth einschränkender Überzeugungen
zu planen, die manchmal schwer zu durchschauen sind. Logik
verhilft damit zu einer planvollen Vorgehensweise; sie stärkt
Glauben, Vertrauen und Zuversicht und beschleunigt den
gesamten Manifestationsprozess.

Stellen wir uns zum Beispiel vor, dass du einen Fluss
überqueren möchtest, der eine starke Strömung hat. Du
kommst zu dem Schluss, dass es zwei Möglichkeiten gibt: Du
kannst entweder über das Wasser laufen (du weißt, dass so was
geht) oder ein paar Monate lang trainieren, damit du
hindurchschwimmen kannst.

Wärst du in der Lage, daran zu glauben, dass du deinen Wunsch
(den Fluss zu überqueren) schließlich auf die eine oder andere

Weise verwirklichen wirst? Du wärst sehr wohl dazu in der Lage. Du würdest daran glauben, sofort mit dem Training beginnen, und es fiele dir leicht, zu visualisieren, wie du am gegenüberliegenden Ufer spazieren gehst. Die Sache wäre so gut wie erledigt.

Gut. Wie wäre es, wenn du nur über das Wasser wandeln dürftest (in eine derart missliche Lage bringen sich Menschen, wenn sie sich ausschließlich darauf verlassen, dass die Magie sie durchs Leben trägt)? Würdest du an deinem Wunsch, den Fluss zu überqueren, festhalten? Wärst du aufgeregt? Oder hättest du Angst? Würdest du dich langsam auf dein Ziel zubewegen, oder wärst du wie gelähmt?

Ein interessanter Punkt ist, dass das Universum im ersten Szenario – in dem du visualisierst und glaubst (was sich durch deine Vorbereitungen zeigt) – tatsächlich eingreifen und dich so schnell und elegant über den Fluss bringen könnte, wie du es kaum für möglich gehalten hättest. Und zwar entsprechend der Überzeugungen, die du sonst noch hegst, und vielleicht indem es dir einen neuen guten Freund vorbeischickt, der dir eine Brücke in der Nähe zeigt (du weißt, ich mache solche Sachen).
Doch kommen wir nun zu dem armen Kerl, der darauf besteht, von der Magie hinübergetragen zu werden. Er sitzt wahrscheinlich noch immer am Ufer und ist mit Mantras, »Ommm«-Tönen und Visualisieren beschäftigt. Er räuchert mit Weihrauch, trägt Henna-Tattoos und erzählt Vorbeikommenden von Magie. Doch es fällt ihm ziemlich schwer, wirklich daran zu glauben, dass er übers Wasser wandeln kann. Ein weiterer Punkt: Hat man den Fluss mit herkömmlichen Methoden überquert, ein wenig Logik eingesetzt und den unvermeidlichen Erfolg errungen, dann versteht man die Grundprinzipien »Alles ist möglich«, »Träume werden wahr« und »Gedanken werden Dinge« besser als zuvor – viel besser als

derjenige, der sich an die Theorie klammert und noch am Ufer sitzt.

Manchmal ist es spirituell, Logik einzusetzen. Das Naheliegende zu tun. Hinauszugehen in die Welt, an jede Tür zu klopfen und allen davon zu erzählen. Außerdem ist das weit besser als herumzusitzen und darauf zu warten, dass man im Lotto gewinnt, oder darauf zu bauen, dass man seinen Seelengefährten in einem Einkaufszentrum kennenlernt oder selber in einer Kaffeebar entdeckt wird.

Wenn du schon übers Wasser wandeln kannst, dann schick diese Botschaft bitte an jemanden, der noch nicht so weit ist.

Hilft alles *andere* nicht,

kannst immer noch du einem anderen helfen und auf diese Weise deinen Erfolg haben.

Weißt du, *eigentlich* finde ich mich

ziemlich gut. Ich bekomme auch viel Lob. Aber ich muss zugeben, dass ich noch immer zahlreiche Beschwerden wegen der Gegebenheiten der Realität erhalte. Kannst du dir das vorstellen? Ich meine, das Leben in Zeit und Raum könnte doch überhaupt nicht einfacher, gerechter, knackiger sein, als es ist. Doch das ist eben mein Los als Universum, und ich will mich nicht beklagen.

Die meisten Beschwerden stammen von denen, die noch nicht im Lotto gewonnen haben, obwohl sie – wie sie sagen – daran glauben, es sich bildlich vorstellen und so tun, als ob sich ihr Wunsch schon erfüllt hat. Ich erzähle dir jetzt, was ich ihnen sage, weil da so viel für dich drinsteckt, und vielleicht wirst du eines Tages – muss nicht sein, könnte aber sein – etwas davon an andere weitergeben (falls du selbst einmal solche Beschwerden bekommst).

Nun gut. Ich sage den Leuten: »Was ihr wirklich wollt, sind Moneten, Kröten, Euros – mit einem Wort: Wohlstand, richtig? Und nicht einen Lottogewinn.«
Sie antworten: »Ja, Universum.«

»Und sage ich nicht immer wieder, dass ihr euer Bestes geben müsst, alles, was ihr könnt, dass ihr euch selbst helfen müsst, wenn ihr wollt, dass ich mein Bestes tue, alles, was ich kann, um euch zu helfen?
Wenn du Fischer bist, geh fischen. Wenn du Verkäufer bist, verkaufe. Wenn du Lehrer oder Lehrerin bist, lehre. Denn solche Taten zeigen uns (mir und dir), dass du es ernst meinst. Sie spiegeln die Überzeugung wider, dass du nicht hilflos bist, und sie helfen dir, das wertzuschätzen, was du bereits hast. Sie lenken dich vom Mangel ab, richtig?«

»Ja, Universum.«

»Wenn du also Wohlstand willst und genau weißt, wie gutaussehend und talentiert und einsichtig und beharrlich und furchtlos und kraftvoll du bist, und wenn du trotzdem nichts

unternimmst, außer Lotto zu spielen, na dann …
Habe ich mich klar ausgedrückt?«

»Nein, Universum.«

»Wenn du nichts unternimmst, außer Lotto zu spielen, dann gibst
du nicht dein Bestes. Darüber hinaus sagt das auch, dass du noch
andere Probleme hast, die du nicht angehst. Und wenn du hoffst,
du könntest sie umgehen, indem du im Lotto gewinnst, bist du auf
dem Holzweg. Denn wenn deine Zahlen schließlich gezogen
werden, das Geld nur so auf dich niederprasselt und dein
Bankschließfach zum Überlaufen mit Goldbarren und Schmuck
gefüllt ist, wird sich in deinem Leben trotzdem kaum etwas
ändern, und du wirst entdecken, dass dieser Wohlstand nicht das
war, was du dir am meisten gewünscht hast.«

Genau das sage ich ihnen.

Dein bester Abenteuerkumpel

Das Universum

PS Da steckt so viel für dich drin.

Und wenn es
lange dauert?

Was, wenn es schon länger dauert, als du erwartet hattest?

Was, wenn es noch viel länger dauern wird?

Der Tag wird trotzdem kommen – auf alle Fälle –, an dem all deine Bemühungen, deine Entschlossenheit und Hartnäckigkeit dir wie ein lächerlich geringer Preis vorkommen, weil du unumstößlich aufsteigen wirst, immer höher, wie in einem Triumphwagen.

Ich kann die Musik schon hören.

Wie du weißt, habe ich ja das System geplant. Und es ist so geplant, dass du noch nicht sehen kannst, welchen herrlichen Zeiten und welchem Hochgefühl du entgegengehst.

Was
ist es,

das du in deinem Leben so super, super dringend manifestieren möchtest, aber so super, super lange nicht mehr visualisiert hast?

Aha!

Man könnte sagen, die Bedingungen sind jetzt günstig, und es ist Zeit, die Hüften zu schwingen.

Wohin es dich auch zieht,
setz dich in *Bewegung!*

Meist bin ich es dann, der gerade mit dir spricht.

Du kannst sicher sein, dass ich es bin, wenn Herz und Verstand ja sagen.

Wenn ich es nicht bin, kommt meist nur die Bequemlichkeit oder der Stolz oder die Angst durch.

Meine Güte, wie sehr ich dich liebe und schätze!

Übrigens, so etwas wie den Teufel gibt es nicht, und tief in deinem Herzen hast du das schon immer gewusst.

Ein Wort zu
Wundern …

Lass nicht zu, dass die, die noch ausstehen, dich blind machen für die, die schon geschehen sind.

Das verdirbt wirklich alles.

Außerdem läuft es doch so gut bei dir.

Du wirst es nicht
glauben,

aber manchmal sind sogar wir hier frustriert. Der klassische Fall ist, dass der Ehrengast bei seiner Rückkehr nach Hause auf der Willkommensparty zu jammern beginnt: »Herrje, ich hatte doch keine Ahnung! Ich wäre nie auf die Idee gekommen! Ich wusste nicht, dass ich diese Wirkung auf andere hatte! Ich wusste nicht, dass ich in diesem Maß für meine Gedanken, Worte und Werke verantwortlich war! Ich hatte ja keine Ahnung ...«

Doch es ist noch schlimmer für die Heimkehrer, wenn wir dann erwidern: »Ja klar, aber du hättest es wissen können.«

Natürlich lassen wir gleich eine viel nettere Bemerkung folgen wie: »Hey, die Flügel stehen dir aber gut!«

Zurück
zu den Grundlagen ...

Du lebst in einer Traumwelt, in der alle Dinge möglich sind. Allein die Tatsache, dass es dich gibt, ist der unleugbare Beweis.

Halleluja

Das Universum

Natürlich
kannst du anklopfen,

und dir wird aufgetan werden. Suchen, und du wirst finden. Fragen, und du wirst eine Antwort erhalten. Aber du könntest auch einfach »Danke« sagen.

Und wenn du darauf vertraust, wirst du erkennen, dass das, wonach du dich gesehnt hast, längst da ist.

Erstaunliches System, oder? Wir nennen das »eingebauter Überfluss«.

Würde es etwas
ändern,

wenn du wüsstest, dass wir die Kämpfe, die du ausgefochten hast, vollkommen verstehen? Wenn du wüsstest, dass wir deine Entscheidungen gutheißen? Dass du hier einen eigenen Fanclub hast? Dass wir uns an den Wochenenden Videoclips von deinem Leben ansehen? Dass wir jeden Morgen deinen Geburtstag feiern? Dass du uns alles beibringst, was du gelernt hast?

Würde es etwas ändern, wenn du wüsstest, dass jeder von uns (wenn keiner zusieht) auf seine Weise versucht, dich nachzuahmen?

Egal ob es etwas ändert oder nicht, du bist auf jeden Fall etwas Besonderes.

Denkst du, jemand, der fest
daran *glaubt,*

dass er und ich eins sind – dass ich ihn im Herzen berühre, durch seine Adern fließe und aus seinen Augen leuchte –, auf den Teil von mir warten würde, der »außerhalb« von ihm selbst existiert, damit dieser seine Wunschträume erfüllt?

Oder würde er jeden Moment eines jeden Tages nutzen, weil er wüsste, dass der Erfolg ihm sicher ist?

Super,

Das Universum

Ich wirke durch dich, nicht für dich.

Man muss
GROSS sein,

um die volle Verantwortung für sein eigenes Glück zu übernehmen.

Man muss noch größer sein, um die volle Verantwortung für sein eigenes Unglück zu übernehmen.

Doch man muss ein spiritueller Riese sein, um in einer unglücklichen Situation fähig zu sein, das Ruder herumzureißen, obwohl man es auf dem alten Kahn eventuell noch eine Weile aushalten muss.

Jawohl!

Dein Leben
lang

hast du Berge versetzt, Katastrophen verhindert und die aufsehenerregendsten Comebacks, Überraschungserfolge und Zufallstreffen inszeniert.

Eigentlich sollte ich dich um Hilfe bitten.

Weißt du,
was äußerst *seltsam* ist

am langen und oft einsamen Lebensweg?

Wenn du am Ende angekommen bist und zurückblickst, kommt es dir gar nicht mehr so vor, als sei er lang oder einsam gewesen.

Ist es dir schon mal
in den *Sinn* gekommen,

dass du nach der Verwirklichung selbst größter Wunschträume wahrscheinlich ebenso ernsthaft, leidenschaftlich und dringend nach noch mehr Ausschau hältst?

Ganz bestimmt.

Wenn wir diesen Gedanken weiterspinnen, wird dir bestimmt klar, dass du niemals alles haben wirst, was du dir wünschst, oder? Das ist auch gar nicht schlimm, denn es bedeutet ja nur, dass du ständig Erfolge erzielst und gleichzeitig neue Wunschträume ersinnst – so wie du es immer getan hast.

Ausgezeichnet.

Der Trick, glücklich zu sein, besteht darin, zu lernen, dein Glück zu empfinden, obwohl du noch nicht alles hast, was du willst – weil du eben nie alles haben wirst.

Wenn du das kapiert hast, bist du für die Ewigkeit gerüstet.

War es nicht
clever von mir,

dich zu erfinden? Jetzt mal ehrlich, komm schon, gib's zu!

Noch nie hat es einen Erdenbürger gegeben, der mit einem solchen Maß an Einsicht gedacht hat. Der mit einem solchen Maß an Fürsorge geliebt und mit einem solchen Maß an Hoffnung gefühlt hat. Und noch nie wurde eine Seele mit diesen Gaben so dringend gebraucht, weil es gerade jetzt Menschen gibt, die nur du erreichen, und Veränderungen, die nur du bewirken kannst.

Ja, ich muss wirklich einen guten Tag gehabt haben.

Es folgt
eine öffentliche *Durchsage*

vom Universum:

Hüte dich vor denen, die anderen aus Opferbereitschaft, Selbstlosigkeit oder Uneigennützigkeit helfen statt aus Freude. Denn diese Art von Hilfe bringt meist nicht viel.

Traurig ist das Leben derer, die geben, ohne zu erkennen,
wie viel sie zurückbekommen.

Aufgrund
der *besonderen* Kräfte,

die mir – durch mich – verliehen wurden, habe ich mich entschlossen, die fähigsten, kompetentesten und edelsten Abenteurer aller Zeiten in den Geheimplan einzuweihen, der hinter der Schöpfung steht (psst!). Dann muss keiner mehr untätig darauf warten, seine Mission und das Ziel seines Lebens gezeigt zu bekommen.

Bist du bereit?

Es gibt keinen Geheimplan.

Wenn es einen gäbe, würde er dich zwangsläufig einschränken, oder?

Tut mir leid. Ich verstehe, dass das dem einen oder anderen gegen den Strich gehen wird. Es gibt eben niemanden, den du retten sollst. Es gibt keinen Helden und auch keine Heldin, deren Bestimmung es ist, dich zu retten. Und am Himmel werden auch keine Zeichen aufleuchten, die dir sagen, was du zu tun oder zu lassen hast.

Das ist das Schöne daran. Du entscheidest diese Dinge, und du kannst wählen, was immer du willst. Doch bis du das getan hast, wird wenig geschehen, außer dass du von den Entscheidungen deiner Mitmenschen fremdbestimmt wirst.

Such dir dein Pferd aus, mach deinen Einsatz, und geh voll mit.

Du *weißt* ganz genau,

warum du hier bist – nicht wahr?

Weil du der Herausforderung nicht widerstehen konntest.

Es gibt in der ganzen Schöpfung, in allen Sphären des Universums, nichts, was vergleichbar damit wäre, in Zeit und Raum geboren zu werden, ohne jegliche Erinnerung an die eigene Vergangenheit. Du musst selbst deinen Weg finden, wenn du dich verirrt hast, selbst Mut fassen, wenn du Angst hast, und selbst die unendlichen Kräfte entdecken, die dir zur Verfügung stehen, wenn du vor Herausforderungen stehst. Du bist den Elementen ausgeliefert, damit du wieder erkennst, dass du die Herrschaft über sie besitzt. Du wirst von deinen Leidenschaften angetrieben, damit du dich über die schlichten, bescheidenen Anfänge deines Lebens erhebst und letztendlich die Illusionen durchschaust, denen du in die Falle gegangen bist. Und schließlich findest du dich wieder hoch droben, wo einst alles begann.

Es könnte natürlich auch sein, dass du dich auf eine Wette eingelassen hattest.

Hast du
dich je *gefragt,*

warum Menschen, die unglaubliche Erfolge erzielen, riesige Reichtümer anhäufen und die erotischsten Beziehungen haben, manchmal so unscheinbar sind? Du weißt schon, sie sind oft weder sonderlich gewandt noch gutaussehend und nicht einmal sehr kreativ.

Es liegt daran, dass Intelligenz, Aussehen, ja sogar Kreativität weit abgeschlagen auf dem zweiten Platz hinter dem Glauben an sich selbst liegen. Diese Menschen haben etwas erreicht, weil sie daran geglaubt haben, und ihr Glaube hat Himmel und Erde in Bewegung gesetzt.

Was immer ich für andere getan habe, sieh es als Übung für das, was ich für dich tun kann.

Spontane Vergnügungen
zu *genießen*

und dafür auf langfristige Wunschträume zu verzichten ist als Strategie ungefähr genauso töricht, wie langfristige Wunschträume auf Kosten spontaner Vergnügungen zu verfolgen.

Geh beidem nach.

Wenn du dich
um die kleinen Schritte *kümmerst,*

kümmere ich mich um die großen.

Allerdings musst du den ersten Schritt tun.

Du hast
mehr erreicht,

als du weißt. Du hast mehr Menschen geholfen, als dir klar ist.
Und du bist näher dran, als du denkst.

Die Angeber von gegenüber können einem schon fast leidtun.

Viele
meinen zwar,

Glücksgefühle kämen daher, dass man reichlich »Kohle« hat, aber
in Wirklichkeit funktioniert es in umgekehrter Reihenfolge am
besten.

Dein himmlischer Finanzmanager

Das Universum

*Weder ein genialer Trick noch Zauber ist dazu notwendig. Weder
Verstand noch Einsicht. Weder Gesundheit, Erfolg oder Beliebtheit.
Allein die Tatsache, Glück zu empfinden, bringt Glück. Und auch alles
andere.*

So *offenkundig*
wie Berge dazu da sind,

dass man sie erklimmt, und Ozeane, dass man auf ihnen segelt, so offenkundig sind deine Wunschträume dazu da, wahr zu werden. Dazu bist du hier: um das Leben deiner Träume zu führen. Nicht, um auf die Probe oder in Frage gestellt zu werden, sondern um dich zu beweisen, Erfolg zu haben und ein selbstbestimmtes Leben zu führen.

Bleib dran, mach deinen Weg, lass nicht nach, und der Tag wird kommen, an dem deine Wünsche wahr werden und du von Hochgefühlen getragen wirst.

Gib dich nie mit weniger zufrieden; denk nie, es sei zu spät, und werde niemals einem Wunschtraum untreu.

Ich musste dir das jetzt endlich einmal genau erklären, sonst hättest du mich nach deiner Rückkehr erwürgt.

Du darfst weder zweifeln
noch *zögern,* noch wanken.

Keine Last ist zu schwer, kein Berg zu hoch und kein Ziel zu weit, wenn du weder zweifelst noch zögerst, noch wankst. Denn das Einzige, das der Verwirklichung eines Wunschtraums im Wege stehen kann, sind kontraproduktive Gedanken.

Was auch
geschieht

oder nicht geschieht. Wohin du gehst oder auch nicht gehst. Wem du begegnest oder auch nicht begegnest. Du wirst auf den heutigen Tag, auf diese Woche, auf diesen Abschnitt deines Lebens liebevoll zurückblicken, denn die Zeit wird kommen, wo du erkennst, wie absolut stimmig er war.

Alles *klar,* die Reservierung
ist bestätigt,

und du kannst nach Belieben drei Wochen lang über einen Privatjet verfügen, inklusive einer erfahrenen Crew, moderner Multimedia-Einrichtungen und Schlafsitzen mit Bezügen aus Leopardenfell-Imitat für jeden Fluggast. Du musst nur noch 268 750 Euro bezahlen. Im Voraus. Treibstoff geht natürlich extra.

Nun sprich mir nach:

»Du machst wohl Scherze! Leopardenfell-Imitat war vielleicht Anfang 2000 modern. Gibt es denn nichts anderes?«

Cool. Bleib jetzt mal bei dieser großen Perspektive, denn solche Transaktionen sind alltäglich für jene, die es geschafft haben.

Weil nämlich die jeweilige Perspektive die entsprechenden Umstände herbeiführt, um das Schicksal zu beeinflussen.

Kannst du dir *vorstellen,*
dass jemand

so ungeduldig und so darauf fixiert das Aufblühen einer einzelnen Rosenknospe erwartet – weil er unbedingt diesen einen betörenden Duft riechen und die Schönheit dieser Blüte bewundern will –, dass er keine Augen für die anderen hat, die schon in voll erblühter Pracht vor ihm stehen?

Kann vorkommen.

Natürlich kannst du dich
auf mich *verlassen,*

aber bitte, vergiss nie: Ich verlasse mich auch auf dich.

Hier ist
ein *Hinweis* für dich,

damit du merkst, wann gerade ganz neue Erfahrungen dein Leben transformieren, auch wenn es so aussieht, als geschehe gar nichts.

Dann sagst und tust du zum allerersten Mal Dinge, die du noch nie zuvor gesagt oder getan hast, auch wenn es so aussieht, als geschehe gar nichts.

Besonders auf das Handeln kommt es an.

Weißt
du eigentlich,

was du dein Leben lang getan hast?

Nein, ich meine nicht, besser zu werden.

Nein, nein, ich meine nicht, weiser zu werden.

Neiiiin, ich meine auch nicht, älter zu werden.

Meine Güte, bist du heute gesprächig.

Auf all deinen Wegen hast du sowohl Freunde als auch wildfremde Menschen berührt, sie etwas gelehrt und ihnen Heilung gebracht.

Leg deine Hände auf!

Das Universum

Probleme
existieren nur,

wenn man in der physischen Welt nach Lösungen sucht.

Überleg mal!

Könntest du die Handlung eines Kinofilms beeinflussen,
indem du an der Leinwand zerrst?

Wirklich *erleuchtete*
Menschen

öffnen nur ihre Augen, sobald sie einen Wunsch abgeschickt haben, und schon sehen sie, dass das ganze Universum ihnen zuarbeitet.

Bei den weniger erleuchteten passiert genau dasselbe. Allerdings sehen die, wenn sie die Augen öffnen, normalerweise nur den üblichen Kram. Deshalb verlieren sie das Vertrauen und den Glauben daran; sie vergessen, sich zu bedanken, und sind einfach feige, sich auf die Socken zu machen.

Jammerschade.

Greif nach den *Sternen*,
nicht nur einmal,

sondern immer wieder, und was es dir auch abverlangt. Denn zu guter Letzt wirst du sehen, wenn du mit hochgereckten Armen, leicht wie eine Feder, freudestrahlend im Kreis der Sieger stehst und dir vor Glück die Augen ausweinst, wie phantastisch die Belohnungen im Verhältnis zum erbrachten Einsatz sind und zu den eingegangenen Risiken – und es spielt keine Rolle mehr, wie oft du einen Fehlstart hinnehmen musstest. Du wirst erstaunt sein, wie schnell du dein Ziel erreicht hast.

Mein »Gott«, ich bin so stolz auf dich.

Alles,
was du brauchst,

für alles, was du willst, liegt in dir,
jetzt schon. Ausnahmslos.

Es gibt
eine *Million* Gründe,

warum man Wunschträume als irrational, unvernünftig und als
dumme Zeitverschwendung ansehen könnte.

Aber ich kenne da einen, der diese Argumentation in kleine Stücke
zerlegt …

Wir stecken gemeinsam in dieser Sache.

*Es gibt keinen Atemzug und keinen Schritt von dir, an dem wir nicht
beide Anteil hätten.*

Wenn du
bloß *wüsstest,*

wie phantastisch nahe du schon allem bist, wonach dein Herz sich
sehnt, dann wärst du womöglich bereits noch viel näher dran.

Falls das überhaupt möglich ist.

Wie würdest du
eine *Realität* bezeichnen,

die tagtäglich eine neue Seite im Leben jedes Menschen aufschlägt,
die ausschließlich dessen ureigenen Hoffnungen und Ängsten,
Gedanken und Gefühlen, Worten und Taten entspricht?

Wie wär's mit »einfach«?

Du wirst nie
erfahren,

wer aus einer Menschenmenge oder neben dir in der
Warteschlange oder als Passant auf der Straße durch deinen
freundlichen Blick und dein ermutigendes Lächeln aufgemuntert
wird oder sogar aus einer verzweifelten Stimmung herauskommt.

Aber der andere wird es bestimmt nie vergessen.

Es kostet so wenig.

Es gibt
einige Dinge,

die man besser vergessen sollte. Wenn sie mir wieder einfallen,
werde ich es dich wissen lassen.
Aber es gibt auch Dinge, an die man sich erinnern sollte, die aber

leicht in Vergessenheit geraten. Das sind die Zeiten, in denen du dich mutterseelenallein gefühlt hast und voller Zweifel warst. Doch auf einmal hat es, vielleicht unhörbar, so richtig klick gemacht, und dann ist plötzlich ein neuer Freund aufgetaucht, oder du hattest eine Idee oder eine Verbindung wurde geknüpft, wodurch das Blatt sich wendete.

Solltest du jemals wieder solche Zeiten erleben, in denen du dich mutterseelenallein fühlst und voller Zweifel bist: Erinnere dich an diese Erfahrung, und dann wird dich, wie dunkel solche Momente auch erscheinen mögen, zumindest das Wissen trösten, dass sie schnell vorübergehen.

Sag's weiter.

Das Universum

Hast du gerade etwas gehört?

Würde sich ein
»*ewiges* Wesen«

jemals Sorgen um seine Zukunft machen? Jemals zurückblicken und sich wundern? Hätte ein »ewiges Wesen« jemals irgendetwas zu befürchten?

Vielleicht. Aber nur, wenn es vergessen hätte, dass es ewig ist.

Wenn dereinst die Zeiger der Zeit einfrieren und diese Welt aufhört zu existieren, geht es bei dir erst so richtig los. Dies hier ist die

Vorschule. Die Vor-Vor-Vorschule. Komm aus der Deckung, streck die Hand aus, und werd ein wenig risikofreudiger. Experimentiere, spiel und dehn dich aus. Gib dir das, was du brauchst, respektier deine Wünsche, und folg deinem Herzen. Übe dich darin, und lass nicht locker.

Vergiss Perfektion, sei abenteuerlustig, und tu all dies in dem Bewusstsein, dass einem »ewigen Wesen« niemals etwas genommen werden kann.

Du
meine *Güte,*

was stellen sich die Leute eigentlich vor? Die Macht über alle Dinge kommt doch nicht mit dem Alter oder zunehmender Spiritualität und schon gar nicht mit der Dankbarkeit. Sie kommt eigentlich überhaupt nicht. Du wirst schon mit ihr geboren, und du nutzt sie jeden Tag und jeden Augenblick, immer wenn du sagst:
»Ich werde … Ich bin … Ich habe … «

Und genauso, wenn du sagst:
»Das ist nicht so einfach … Ich schaff's nicht … Ich weiß nicht …«

Pass also auf, worauf du dich ausrichtest!

Du *bist,*
wie du bist,

einschließlich aller Macken, Ecken und Kanten, aller Fähigkeiten, Begabungen und Stärken. Denn vor dem Start in dieses Leben – auf der Höhe deiner Herrlichkeit, im vollen Bewusstsein deiner Göttlichkeit, deiner Einflussmöglichkeiten und deiner Großartigkeit – wusstest du genau, durch welche Entscheidungen du dieses Abenteuer auf ein Maximum würdest steigern können. Dünne Haare inklusive.

Hab Vertrauen zu dir selbst. Du hast hervorragend gewählt. Selbst wenn du es im Moment vielleicht noch nicht erkennen solltest, so hast du doch bereits allen Mut aufgeboten, den du aufbieten musstest, dich den Ängsten gestellt, denen du dich stellen musstest, und den Stürmen getrotzt, denen du trotzen musstest, hast alle Kämpfe ausgestanden und jede Erwartung übertroffen, die du je hegtest, um der Mensch zu sein, der du gehofft hattest zu werden.

Ich freu mich so,

Das Universum

Ich denke, ich werde dir die Leitung des Planeten übertragen.

Stell dir vor,
du machst ein *Foto*

mit einer alten Kamera. Du stellst nur die Schärfe ein und drückst ab, stimmt's?

Spielt es dabei eine Rolle, wie viele Freunde im Sucher zu sehen sind, um sie alle auf dem Abzug wiederzufinden? Ist es doppelt so schwer, ein Foto von zwei oder zweihundert Menschen zu schießen als von einem einzigen? Ist es für die Kamera schwerer, Überfluss einzufangen als Armut?

Spielt es eine Rolle, wer das Foto aufnimmt? Ob die Person spirituell ist oder nicht? Wie ihre Vergangenheit aussieht? Welche Lektionen sie in ihrem Leben zu lernen hat?

Bist du jetzt im Bilde? Ich bin ein bisschen wie eine Kamera. Ich nehme nur das auf, was du anvisierst. Und dabei spielt weder die Vielschichtigkeit des Objekts eine Rolle noch die Anzahl der Dinge, die aufs Bild kommen sollen, noch die Art deines bisherigen Lebens.

Bitte lächeln,

Das Universum

Es ist nie zu *spät.*

Zu viel
Dankbarkeit

gibt es nicht. Denn je mehr du dich dankbar zeigst, desto mehr Gründe erhältst du, dich dankbar zu zeigen.

Und während dieses »Spiel« weitergeht, kannst du dich darauf verlassen, dass ich immer gewinne.

Weißt du,
warum

Schmetterlinge flattern? Glühwürmchen glühen? Kometen fallen, Bäume wachsen, Katzen schnurren und Hunde mit dem Schwanz wedeln?

Also, ich habe da so eine Ahnung. Ich denke, dass alles ein Blickwinkel des Betrachters ist, ein Bote seines Selbst, verborgen in den Elementen und eingefangen in einem Akt der Spiegelung. Es wird genau im richtigen Moment und am richtigen Ort wahrgenommen, um den Menschen daran zu erinnern, welch großartiges Wunder sein eigenes Dasein ist.

So etwas Ähnliches bist du für mich.

Okay, ich gebe zu, es ist mehr als eine Ahnung.

Willst du schwere Aufgaben
entspannt meistern,

Berge in Maulwurfshügel verwandeln und Herausforderungen spielerisch überwinden, so hast du zwei Möglichkeiten. Du kannst still werden, nach innen gehen und auf göttliche Führung und spontane Erleuchtung warten.

Oder du krempelst die Ärmel hoch und machst dich daran, dein Bestes zu geben mit dem, was du hast, und von dort aus, wo du gerade stehst.

Dürfte ich die zweite Möglichkeit empfehlen? Sie führt normalerweise viel schneller zum Ziel. Und sie macht dich zu einer glänzenden Antenne für göttliche Führung und spontane Erleuchtung.

Manchmal ist es am spirituellsten, körperlich aktiv zu werden.

Ich habe mal
heruntergeguckt

durch euren blauen Himmel heute Morgen. Unglaublich! Siehst du dasselbe, wenn du hochschaust? Das Kristallklare, das Azurblau, Indigo, magische Kobaltblau. Mir fehlen die Worte. Wunderschön ist viel zu schwach. Wenn man sich vorstellt, dass du das Privileg hast, jeden Tag deines Lebens unter diesem Himmel zu verbringen.
Und du weißt ja, dass über dem Dunst diese irisierende Pracht

existiert, selbst wenn es noch so bewölkt und trüb ist. Als wollte der blaue Himmel eine Ahnung der Ewigkeit vermitteln, dich an deine unendliche Kraft erinnern und dir zeigen, wie perfekt das Leben ist. Denn wenn der Himmel mit seiner Palette von Blautönen schon solche Schönheit besitzt, stell dir nur vor, welche Möglichkeiten jener Künstler dann darüber hinaus noch hat.

Ehrlich, manchmal ist alles so schön, dass mein Herz einen Hüpfer macht.

Ja, natürlich habe ich ein Herz! Und wenn es nicht gerade vor Freude hüpft, dann schlägt es in deinem Herzen.

Wenn du tief
in deinem *Inneren*

auch nur ansatzweise verstehen kannst, dass Zeit eine Illusion und Raum nur eine Bühne ist, dann dürfte es nicht so schwierig sein, zu erkennen, wie geborgen du bist, wie magisch das Leben ist und – am allerwichtigsten – dass es ein Überbewusstsein geben muss, das ganz eigene Wünsche und Träume hat, die dich einschließen.

Ist das nicht ein Grund zum Feiern?

Es wird
nicht noch *schöner,*

magischer, prächtiger oder leichter, als es im Moment ist.

Das wird es erst, wenn du wirklich damit rechnest.

Und dann hast du hoffentlich einen richtig guten Tipp für Geldanlagen.

Erwartungen zitieren Heerscharen herbei.

Die *Entwicklung* eines
Traums

Der Traum wird ins Gehirn eingepflanzt.

Der Träumende ist aufgeregt.

Der Träumende bekommt Angst.

Falls keine Taten folgen, werden aus furchterregenden Gedanken fleischfressende Monster. Der Traum wird für unrealistisch gehalten.

Falls Taten folgen, werden die furchterregenden Gedanken als Papiertiger entlarvt. Die Zuversicht steigt, Wunder entfalten sich, und der Träumende pfeift fröhlich vor sich hin.

So oder so bleibt *nichts, wie es war.*

Handle! Deine Taten werden zu unglaublichen Veränderungen in deinem Leben führen. Aber dasselbe trifft auch zu, wenn du untätig bleibst.

Die beste
Abkürzung

zum Leben deiner Träume ist dein Bewusstsein,
dass du bereits angekommen bist.

Denn das bist du.

Hätte es
einen *Sinn,*

dir die Gabe der Vorstellungskraft zu schenken, die Freiheit, Entscheidungen zu treffen und Wunschträume zu erfüllen, die dir auf der Seele liegen, wenn auch nur ein einziger nicht wahr werden könnte?

Ich denke nicht.

Ich liebe dich viel zu sehr.

Beste *Grüße*
vom
Universum

Um mal »*ewig*«

ein klitzekleines bisschen zu klären …

Wenn der Fluss der Zeit seine letzte Biegung genommen hat und
wenn der letzte Stern am Himmel seine letzte Nacht erhellt hat
und jedes Kind, was jemals empfangen wurde, Zehntausende von
Namen erhalten hat … dann haben wir gerade erst angefangen.

Begreifst du Zeit jetzt?

*Wenn ich nur daran denke, wie viel du und ich noch vor uns haben,
dann fange ich fast an zu hyperventilieren.*

Willst du wissen,
was *besser* ist,

als alles zu bekommen? Viel, viel besser?

Nicht alles zu haben, aber zu wissen, dass es unvermeidlich ist,
alles zu bekommen, in diesem unendlichen Abenteuer, das gerade
erst begonnen hat.

Jaaaahaaaaa!

Irgendwie wie freitags kurz vor dem Wochenende.

Das wird mich immer
wundern.

Erschaffe ein Paradies einfach aus dem Äther. Gib etwas Tierleben dazu, Vulkane und stürmische Winde.

Dann noch Leguane, Koalas und Wasserfälle. Komm ein paar Milliarden Jahre später zurück, und wenn es dann so aussieht, als ob alles in sich zusammenstürzt – durch Umweltverschmutzung, Krankheiten und Krieg, durch Hungersnöte, Schlappheit und Angst –, dann gibt es immer noch Menschen, die die Schönheit sehen. Die voller Güte handeln. Und die mit Hoffnung und Dankbarkeit leben.

Das sind übrigens genau die, die den ganzen Planeten tragen.

Wer hätte das gedacht?

Yeah, okay. Schuldig.

Einfach durch
den *Akt* des Denkens

werden Strudel erzeugt, unsichtbare Energien zum Einsatz gebracht, und Umstände fügen sich, um das zu verwirklichen, was vorher nur in der Vorstellung existierte. Dieser übernatürliche Zug deiner Gedanken hält noch lange an, nachdem du sie gedacht hast – immer dann, wenn deinen Gedanken Absicht, Erwartung und Handlung folgen. Sie versetzen Berge, teilen Flüsse und tun das »Unmögliche«, bis es zur unvermeidlichen Manifestation kommt.

Auf diese Weise werden deine Gedanken zu Dingen. So werden sie zu physischen Dingen in einer Dimension, die es schon gibt, mit Milliarden von Mitspielern und mit massiver Schwungkraft. Nicht, indem sie aus dem Nichts auftauchen, sondern indem Kräfte im Unsichtbaren mobilisiert werden, die buchstäblich alle Elemente und Faktoren in deinem Leben so verändern, umgestalten und neu ordnen, dass du das geliefert bekommst, was dem am nächsten kommt, was du gedacht hast. Anders ausgedrückt: Es geht um das Gesetz der Anziehung.

»Gedanken werden Dinge« erklärt bereits, wie das Gesetz der Anziehung funktioniert. Nur deshalb existiert es überhaupt. Und im Gegensatz zu irgendwelchen anderen drei Wörtern im Vokabular aller Sprachen dieser Welt sagt dir »Gedanken werden Dinge« genau, wo du ins Bild hineinpasst – du als der Denker und Entscheider darüber, was du denken willst. Diese drei Wörter offenbaren deine eigene Kraft als übernatürlicher, allmächtiger und unbegrenzter SCHÖPFER.

Viele ziehen es natürlich vor sich selbst nicht als so sagenhaft mächtig zu betrachten.

Ich hätte dir das schon *früher* sagen sollen,

aber na ja, ich bin halt das Universum und war ziemlich beschäftigt:

Ganz am Anfang – lange bevor es Strände gab, an denen man entlangschlendern konnte, bevor es Wolken gab, auf denen man schweben, und Sternschnuppen, bei denen man sich etwas wünschen konnte – habe ich schon von dir und deinem Glück geträumt.

Und alles, was seitdem noch dazugekommen ist, sollte nur diesem Zweck dienen.

Siehst du? Du bedeutest mir sehr viel mehr
als nur eine hübsche Dekoration für den Planeten.

Weißt du,

was »unbegrenzt« bedeutet?

Es bedeutet, dass du entscheidest –
und zwar *alles*.

Ich bin *zweifellos*
ganz und gar davon überzeugt,

dass gerade hier und jetzt, während du diese Worte mit Augen liest, in denen es funkelt, an diesem goldenen Tag, an dem du deine Manifestationen in einer vollkommenen Welt tanzt, auf einem smaragdgrünen Planeten, während dein Herz schlägt, dein Blut fließt und die Engel dir über die Schulter sehen: Du bist der glücklichste Mensch, der je gelebt hat.

Die beste *Möglichkeit,*
»Liebe« zu finden,

was übrigens zufälligerweise auch auf Geld zutrifft, besteht darin, sich weniger auf diese Nebenprodukte eines gut gelebten Lebens zu konzentrieren, sondern mehr auf ein gut gelebtes Leben.

Warum einfach, wenn es auch kompliziert geht, oder?

Tanz den Tanz des Lebens, und zwar heute und ganz vorbehaltlos.

Ist das
nicht *super?*

Flippst du nicht aus, wenn du darüber nachdenkst? Die Harmonie, die Herrlichkeit, die Schönheit. Die Komplexität, die Synchronizitäten, die atemberaubende Perfektion. Hast du dich je gefragt, wie das alles entstanden ist?

Glaubst du, ich hätte erst Quarks, Atome und Moleküle studiert? Oder dass ich Skizzen für Sonne, Mond und Sterne gezeichnet hätte, für den Otter, die Gila-Krustenechse und den Pinguin? Meinst du, ich hätte jedes Zebra, jede Blume und jeden Schmetterling erst einmal entworfen und gemalt?

Oder glaubst du, dass ich mir das Endergebnis vorgestellt hätte?

Und das ist alles, was du jemals tun musst.

O Mann, und ich dachte, du wüsstest, dass ich die Schule nicht gemocht habe.

Meinst du, du fühlst dich
irgendwie *betrogen*

an dem Tag, an dem du entdeckst, dass deine zahllosen Erfolge ziemlich unvermeidlich waren? Und dass all die Zweifel, der Ärger und die Sorgen eine blöde Zeitverschwendung waren? Oder glaubst du, dass du dich ständig in allen möglichen Dingen räkeln

wirst … sorglos … selig … und mit diesem andauernden
katzenartigen Lächeln auf deinem Gesicht?

Klar. Räkle dich, schnurr und all das andere. Genau so haben wir
das für dich vorgesehen.
Warum also nicht?

Eins … und zwei …
Miau, miau, miau, miau …
Miau, miau, miau, miau …

Das Universum und all seine stolzen Katzen.

Um die Sache
mal *klarzustellen:*

Auch wenn du glaubst, es sei unheimlich cool, eine
außerkörperliche Erfahrung zu machen – über deinem Haus zu
schweben, durch den Raum zu fliegen, Vergangenheit, Gegenwart
und Zukunft zu durchqueren –, lass mich dir sagen: Das wird doch
nie eine so coole Erfahrung sein wie die, die du gerade machst.
Barfuß auf der Wiese zu gehen, in einem sonnendurchfluteten Pool
zu treiben oder allein im Dunkeln zu tanzen.

Du »fliegst« doch schon jetzt so sehr,

Das Universum

Vertrau mir: Von hier aus wird das Hineingehen in einen Körper als das
Allerheiligste betrachtet.

Ich hoffe, dass du
dein *Leben* liebst.

Und ich meine, dass du es wirklich sehr, sehr liebst.

Denn gerade in diesem Augenblick gibt es so viele andere, die es tun (dein Leben lieben). In Zeit und Raum und in unsichtbaren Sphären.

Klar, nicht alle werden das zugeben, aber ich kenne mich da aus, und eines Tages wissen sie das auch.

Ich muss ja
zugeben,

dass ich ab und zu dieses Verlangen spüre, mich zu verwöhnen und richtig verschwenderisch zu sein. Alle Bremsen zu lösen. Und alle meine Sinne zu kitzeln.

Yep, und dann entscheide ich mich für ein Leben genau wie das, das du jetzt hast. Mit Hindernissen, mit Menschen, die mich auf die Probe stellen, und mit Umständen, die mich dazu zwingen, Sachen zu erkennen, die ich vorher nie gesehen habe. Und ich entscheide mich für ein Leben mit einer Persönlichkeit wie deiner, die so viel Vertrauen hat, dass du auch dann, wenn alles verloren scheint, weiterhin Hoffnung hegst. Mit Träumen, die so kühn sind, dass du wieder aufstehst, wenn du mal hinfällst. Und mit einem so großen Herzen, dass es immer genügend Raum für eine zweite und dritte Chance gibt, selbst wenn es bricht – wie das ja alle großen Herzen irgendwann tun – und für neue Romanzen offen ist.

So mach ich das.

Und wenn das nicht verrückt, sexy und cool sein soll!

Das Universum

Danke.

Ups ...
passiert mir das doch schon wieder.

Ich hab ein kleines Nickerchen gemacht, ein bisschen geträumt, und schon sind neue Welten geboren worden. Planeten sind herumgewirbelt und haben sich abgekühlt. Kontinente sind emporgestiegen und wieder versunken. Zivilisationen prallten aufeinander und vereinigten sich.

Eigentlich macht das ziemlich viel Spaß. Ich habe auch geträumt, ich wäre du. Und in diesem Traum habe ich mich ein Weilchen lang nicht mehr daran erinnert, dass ich zugleich das Universum bin.

Das war wirklich ziemlich fürchterlich. Ich habe mich dabei fast zu Tode erschreckt, bis ich, wie du jetzt, mich langsam wieder daran erinnert habe, wer ich eigentlich bin. Und in diesen Augenblicken des Erwachens, da war es, als ob die Erde gebebt hätte, die Meere tanzen würden und die Himmel sich ganz genauso gefreut hätten wie ich selbst. Als ob sie auch gerade erst aufwachen würden. Das war der schönste, erhabenste und bezauberndste Rausch reiner Freude, den ich je erlebt habe, glaube ich.

Wie sehr ich mir wünschen würde, dir mehr davon erzählen zu können.
Aber wie bei einem Landwirt, der sehnlichst die neue Ernte erwartet,
würde jede voreilige, zu frühe Ernte den Ertrag nur verderben.
Außerdem ließe sich das alles auch mit Worten gar nicht ausdrücken.

Es ist
wirklich *traurig,*

dass sie dir gesagt haben, es sei falsch, wenn du eigennützig bist,
billig, wenn du eitel bist, vulgär, wenn du sexy bist, und protzig,
wenn du reich bist.

Die gute Nachricht ist, dass sie sich das nur ausgedacht haben.

Wahrscheinlich aus Neid auf all das, was du tun, sein und haben
könntest. Und aus Angst davor, all das selbst nicht tun, sein und
haben zu können.

Eijeijei …

Irgendjemand von denen steckt jetzt ganz schön in Schwierigkeiten, ich
muss sofort los!

Manchmal,
wenn das,

was sie gesagt oder versprochen haben, nicht mit dem
zusammenpasste, was sie getan haben, und wenn das, was sie
getan haben, noch heute weh tut, dann ist es besser für dich, all
das zu vergessen … in dem Wissen, dass ich nichts vergesse.

Ich bin wie ein Elefant.

So, *vergiss* jetzt mal
für nur fünf Minuten

die Kohle. Vergiss auch deinen Seelenpartner. Vergiss das neue
Auto, den Elfmeter und dass du einen großen Fernsehauftritt
hast. Vergiss deine Ängste, deine Probleme und deinen Schmerz.
Und während dieser fünf Minuten spüre die Gefühle, die du für
den Rest deines Lebens am meisten und stärksten fühlen
möchtest.

Vielleicht ist das erst mal etwas schwierig, aber das macht nichts.
Oder es scheint dir ziemlich albern. Und ich kann dir fast
garantieren, dass es sich anfangs völlig sinnlos anfühlen wird …
bis sich plötzlich dein ganzes Leben verändert.

Wenn ich ein Bettler wäre, würde ich dich darum anbetteln. Wenn
ich beten würde, würde ich dich genau darum bitten. Und wenn
ich dich inständig auffordern könnte, irgendetwas zu tun, dann
wäre gerade das meine Bitte. Denn nichts anderes, was du sonst je

in deinem Leben tun könntest, wird eine so nachhaltige Wirkung auf dein Glück, deine Freundschaften und dein Wohlergehen haben wie diese tägliche kleine Fünfminutenübung, die du an allen Tagen machst, an denen du dich daran erinnerst – indem du dich nämlich durch die Illusionen hindurchruderst, das manifestierst, was du dir wünschst, und vermeidest, wovor es dir graut.

Und nur damit du das auch weißt: Wenn du das jetzt gleich machst und vielleicht sogar an jedem Tag bis zum Ende deines Lebens, gebe ich dir die fünf Minuten für jeden Übungstag zurück. Ich schmuggle sie einfach in dein Leben rein, und sie werden sich wie zehn Minuten anfühlen.

Aber sag das keinem weiter!

Das *erinnert* mich
an etwas:

Da ich nicht mit Fragezeichen bete, hoffe ich, dass du das auch nicht tust.

Du weißt schon, »Kann ich bitte …? Würdest du bitte …? Wenn ich X tue oder Y opfere, wirst du mir dann Z geben?« Bei uns hier drüben gibt es auch Spam-Filter, und da du der Einzige bist, der solche Fragen beantworten kann, gehen sie in einen Kanal rein und aus dem anderen wieder raus.

Aber, hubba-hubba, wenn du mit »Danke sehr« betest, besonders für etwas, das du noch gar nicht bekommen oder erfahren hast (aber so, als ob du es schon hättest), dann hören wir alle hier diese Gebete.

Amen!

Das Universum

Es war schon etwas *Raffinesse* nötig,

die ganze Pracht zu erschaffen, in der du jetzt lebst. Denn das musste ja alles in einer feinen Ausgewogenheit geschehen und so, dass es dir niemals langweilig werden würde.

Ich musste also ein paar Täler mit dazugeben, damit du die Gipfel wirklich würdest schätzen können. Und ein paar schuppige, hässliche, beißwütige Kreaturen, damit die anderen umso bezaubernder wirken würden. Und dann noch ein paar rutschige Hänge, gefährliche Kurven und bewegliche Ziele, damit du merkst, wie wendig, glänzend und gewitzt du wirklich bist. Na, und dann noch etwas Treibsand, ein paar Tornados und Erdbeben, damit du einen verstohlenen Mittagsschlaf, einen Abendspaziergang und ruhige Zeiten überhaupt schätzen kannst.

Aber am besten war vielleicht, dass ich mir ein paar ganz besondere Leute habe ausdenken und erträumen müssen. Du weißt schon, mit Sichtweisen und Charakterzügen, die deinen so unähnlich sind, dass es dir manchmal so vorkommt, als ob du die Beziehungen zu ihnen nur dann überleben könntest, wenn du

lernen würdest, dich selbst zu lieben, und zwar noch mehr.
Also – war das nicht ein ganz schönes Stück Arbeit?

O welch erhabene Ironie darin steckt.

Puh … ich brauch mal
'ne *Pause!*

Ich sag dir was: Schreib doch heute mal deinen eigenen Gruß. An mich!

Du könntest zum Beispiel so was schreiben wie, »Jambo, Universum, ich bin's! Genau, diese attraktive Frau, dieser ansehnliche Typ voller Talente und megasexy, wegen der (oder dem) die Sonne jeden Tag aufgeht. Na ja, ich wollte dir nur sagen, dass dieses Abenteuer in Zeit und Raum bisher unglaublich toll gewesen ist. Alles, was ich je erwartet hatte. (Wenn man sich das mal vorstellt.) Es war bislang genauso schwer und leicht, fordernd und lohnend, wie ich es mir selbst eingeredet hatte. (Zufall, oder?) Und obwohl ich weiß, dass wir EINS sind, stelle ich mir doch gerne noch vor, wenn ich an dich denke, dass du irgendwo »dort draußen« bist – dass du mich beobachtest, mich liebst und beschützt. (Hmm, ist das vielleicht der Grund, warum ich mich manchmal ganz allein fühle?) Egal. Ich lerne Unmengen, habe Spaß dabei und freue mich darauf, eines Tages nach Hause zu kommen. (Es sei denn natürlich, dass ich jetzt schon zu Hause bin.)

Hey, da du mir schon mal zuhörst: danke für wieder einen Tag im Paradies. (Wo meine Gedanken zu Dingen werden, wo Träume immer weiter wahr werden und alles immer besser und noch besser wird.)

Du hörst nie auf, mich zum Staunen zu bringen.

Beim nächsten Mal, wenn du dich richtig *verletzt* fühlst,

wirklich sauer oder megawütend und dir sicher bist, dass das auch mich verletzt, erschüttert und erniedrigt – schau mal schnell nach, ob der Himmel weniger blau ist, die Sonne weniger strahlt, die Vögel aufgehört haben zu singen oder die Blumen ihren Duft verloren haben.

Ich wette, dass du feststellst, dass das Leben ziemlich genauso weitergeht wie vorher. Dass es zu sehr mit der Kraft des Jetzt beschäftigt ist, mit der Unvermeidlichkeit von Liebe, Verständnis und ewigem Leben, als dass es auch nur kurz gezögert und innegehalten hätte.

O-wiii-o
Das Universum

Falls es überhaupt ein nächstes Mal gibt.

Lieber »*Grashüpfer*«,

du weißt vielleicht nicht immer, worin deine unsichtbaren, dich begrenzenden Glaubensmuster bestehen. Aber du kennst immer die ermächtigenden Glaubensmuster, die du gerne hättest. Also kannst du dich nun Tag für Tag immer wieder neu dafür entscheiden, dich genauso zu verhalten. Und auf diese Weise trittst du etlichen üblen, dich einschränkenden Glaubensmustern kräftig in den Hintern.

Bei jeder Entscheidung, an jeder Weggabelung, bei jedem Vertrauensakt – triff deine Wahl mit dem höheren Geist, der in dir ist. Bis nur er noch existiert.

Es gibt *immer* einen anderen Weg.

Immer.

Es muss schon jemand ganz *Besonderes* sein,

jemand Außergewöhnliches, um echtes Glück im Schoß des Luxus zu finden, umgeben von Reichtum und Fülle, Freunden und Gelächter und immer wieder neuen Wahlmöglichkeiten.

Und merkwürdigerweise ist das meistens genau die Sorte Mensch, die auch ohne all das glücklich sein kann, die gerne Zeit für sich verbringt, vielleicht mit einem Buch oder mit Werkzeug in der Hand oder mit einem Hund, um sich gelegentlich etwas abzulenken.

Bei jeder
Weggabelung

gibt es zwei Pfade, zwischen denen wir uns entscheiden müssen …

Den, den du gehen »solltest«, und den, den du gerne gehen möchtest.

Entscheide dich für den zweiten. Gehe immer den zweiten Weg.

Ich hab's so gemacht.

Mensch, kann das Leben noch mehr rocken, als es das jetzt schon tut?

Es hat *bisher*
noch keinen einzigen Tag

in deinem Leben gegeben, an dem die Welt nicht zu einem besseren Platz geworden wäre – allein, weil es dich gibt.

Wenn du das nur sehen könntest.

Tu,
was du kannst,

mit dem, was du heute hast,

und überlass das »Spektakuläre« einfach mir.

Okay?

Und das gilt auch für alles, was »tiefschürfend«, »phantastisch«, »revolutionär« und »skandalös« sein soll.

Wenn du *hartnäckig*
dranbleibst,

wenn du den Kurs hältst und die Grundlinie verteidigst, dann versprech ich dir, dass schon bald der Tag kommen wird, an dem du einen Blick über deine Schulter wirfst und deinen Kopf ganz entsetzt und ungläubig darüber schüttelst, wieso du dir überhaupt Sorgen gemacht hast.

Genau wie all die anderen Male auch.

Übrigens wird dir in gar nicht so vielen Tagen schon glasklar sein, dass du immer genug Zeit gehabt hast, dass du nie allein gewesen bist und dass wir alle in unsichtbaren Dimensionen Überstunden gemacht haben, um dir zu helfen, damit du »die Zeit deines Lebens« hast.

Yeeeehaaaa! Bussi.

Das war ein wirklich
trauriges Bild.

Sie weinte und weinte und flüsterte dabei schwach: »O wie
wünschte ich doch, dass du jetzt hier bei mir wärst … dass du
immer bei mir gewesen wärst … dass wir ewig leben könnten.«

Und so flüsterte ich leise in ihr Ohr, dass man meine Worte nur
fühlen, nicht hören könnte: »Er ist jetzt bei dir, er wird immer bei
dir sein, und ihr werdet ewig leben.«

Sie wird es erfassen, sie wird es sehen.

Traue niemals dem bloßen Anschein.

Kannst du
das *hören?*

Das gesamte Königreich winkt und gibt Zeichen.

Es gab keine Prüfungen, keine Basketballkörbe, in die man treffen
musste, und keine Begrenzungen.

Alles, was ich habe, schiebe ich dir genau in diesem Augenblick
hinüber.

Mehr musst du nicht wissen.

Alles, was du tun musst, ist, dem Strom Platz zu machen, der im selben Maß auf dich zufließen wird, wie du dich darauf vorbereitet hast – dazu gehört auch, was du heute tust.

Du bist mein Ein und Alles.

Du weißt doch,
ein *gutes* Wort

kann Berge versetzen und Leben verändern. Aber bei jenen Gelegenheiten, da dir solche Worte durch die Lappen gehen, nicht das Passende gesagt werden kann, weil vielleicht die Zeit dafür nicht stimmig ist – da sind gute Gedanken ganz genauso wirksam. Und sogar noch besser, denn Gedanken haben so eine Art, herumzulungern, ihr Ziel zu suchen und den Glückspilz zu finden, für den sie bestimmt sind, frei von den Begrenzungen von Zeit und Raum. Es ist also nie zu spät, gute Gedanken zu denken, und du bist auch nie zu weit von demjenigen entfernt, dem sie gelten könnten.

Nur so eine kleine Sache, die mir mal ein Baum erzählt hat.

Was glaubst du wohl, wer jetzt gerade an dich denkt?

Ist dir schon mal
der *Gedanke* gekommen,

dass du meine Augen, meine Ohren und meine Stimme bist, wo du auch gehst? Meine Arme, meine Beine und alles andere von mir auch bist?

Na schön, ich bin für noch mehr Blumen, Musik und »Ich liebe dich«. Für mehr Umarmungen, Luftsprünge und Nickerchen.

Aber das ist nur meine Meinung.
Ganz viele Küsschen und Umarmungen!

PARTY! *PARTY!* PARTY!

Was? Meinst du etwa, das Universum würde keine Partys feiern?

Glaub mir, hier hört die Party nie auf.

Die Abschlussfeste sind wirklich völlig verrückt! Alte Lieben und Freundschaften flammen wieder auf, und spontane Erleuchtung wird herumgereicht wie, na ja, du weißt schon, wie was. Und dann erst mal die Partys nach der Party … wowww!
Echte Polkas für die prächtigsten, strahlendsten und erleuchtetsten Seelen unter uns. Furchtlose Wesen, die bereit sind, das kollektive Bewusstsein enorm zu erweitern, indem sie in das Kaleidoskop von Gefühlen eintauchen. Indem sie zum größten Abenteuer aufbrechen, das man sich nur vorstellen kann, in die heiligen und geheiligten Dschungel von Zeit und Raum, wo Erleuchtung auf

verwirrend neue Höhen angehoben und Erlösung garantiert wird – nicht aufgrund dessen, was sie vielleicht mit ihrem Leben anfangen, sondern einfach schon deshalb, weil sie sich überhaupt darauf einlassen. Das sind dann die Gute-Reise-Partys.

Wir stehen wirklich tief in eurer Schuld.

Wenn du einfach nur damit beginnst zu *tanzen,*

dann kann ich dir versichern, mit aller Autorität, die mir verliehen wurde (und das ist mehr, als du dir jemals vorstellen könntest), dass die Musik umgehend anfangen wird zu spielen. Und auch für die Tanzpartner, die riesige Discokugel und alles, was du sonst noch brauchst, wird gesorgt sein.

Ich muss dich allerdings warnen: »Beginnen« bedeutet nicht »mal kurz anfangen und dann wieder aufhören, um zu sehen, ob sich irgendetwas rührt«. Nee, das wäre ja nur: »Ich hab Angst, ich bin müde, und eigentlich weiß ich gar nicht, was ich wirklich will.«

Ich meine »beginnen« im Sinne von »niemals wieder aufhören, niemals zurückschauen, denn selbst wenn ich einen ›Fehler‹ gemacht haben sollte, so tanze ich doch wenigstens.«

Mach du einfach dein Ding, und ich mach meins.

Cha cha – cha cha cha.

Wenn du weißt,
was du *möchtest,*

und wenn du dich daran erinnerst, dass »Gedanken werden Dinge« das einzige absolute Gesetz im Spiel von Zeit und Raum ist, worauf sonst sollte es dann noch ankommen als darauf, wofür du dich entscheidest, heute zu denken?

Juhuuuu!

Was die meisten
vergessen haben,

während sie versonnen zum Horizont schauten, um irgendwo dort ihr Traumschiff zu entdecken, ist, dass solche Schiffe niemals einfach so vorbeisegeln, sondern vielmehr direkt vor ihrer Nase erbaut werden.

Weißt du, was ich meine?

Ich sag's *ihnen*
immer wieder,

dass die Welt da draußen ein Dschungel ist, dass Zeit und Raum nichts für Angsthasen sind, dass einem auf die Füße getreten wird, dass Herzen brechen und Träume anscheinend in Tausende von Stücken zerbrechen. Ich sage ihnen, dass die Illusionen so hinreißend sind, dass sie sich noch nicht einmal mehr daran erinnern, wer sie wirklich sind. Und dass Emotionen so schmerzlich sein können, dass sie sich manchmal flüchtig sogar wünschen könnten, sie wären tot.

Aber solche Warnungen scheinen sie nur noch mehr darin zu bestärken, rauszugehen.

Es sind eben Abenteurer.

Ihr seid mir welche!

Was genau am
»Visualisieren«,

meinst du, missverstehen wohl die meisten Leute?

Oder tun sie das gar nicht, das Visualisieren? Tun sie's gar nicht, noch nicht einmal fünf Minuten am Tag, weil sie erst noch begreifen müssen, dass alles, was sie sich wünschen, nur einen Gedanken weit von ihnen entfernt ist?

»Kannst du mich laut und deutlich verstehen?«

Nur einmal am Tag, nur fünf Minuten lang, und dann ein bisschen »den Weg frei räumen«, und dann könntest auch du wie Madonna singen, wie Tiger Woods Golf spielen und wie Matilda Walzer tanzen.

Du kennst
das *Gefühl,*

wenn plötzlich alles, was du schon immer gewollt hattest, mit einem Mal passiert – und zwar alles auf einmal. Und es haut dich völlig aus den Socken, und du fühlst dich ganz oben angekommen, als ob du gar keine Träume mehr hättest, weil alle schon wahr werden.

Und doch bist du wie k. o. geschlagen, weil du dich derart strecken musst, wie du es bisher noch nie getan hast, nur damit du einigermaßen mitkommst mit allem, was geschieht. Und jeden Tag taucht eine neue magische Manifestation auf! Und du hast dich noch nie im Leben so glücklich gefühlt. Außer dass du dir so sehr wünschen würdest, dass alle, die dir nahestehen, dieselben überwältigenden Erfahrungen machen könnten, dieselben überwältigenden Eindrücke erlebten. Und noch mehr: Du möchtest, dass jeder auf dem Planeten das auch spüren könnte, wenigstens ein bisschen, weil es so berauschend ist. Und du fühlst dich, als ob du jetzt endlich all die schweren Zeiten begreifst und all die trägen Tage und all die Phasen, in denen es so schien, als ob absolut gar nichts in deinem Leben passieren würde.

Und du wunderst dich, warum du dich nicht immer schon so gefühlt hast, denn was du jetzt spürst, ist so viel mehr als nur die Freude über wahr gewordene Träume. Es ist eher so, als ob du den Herzschlag vom Leben aller Menschen zugleich empfinden würdest. Und du erkennst, dass es immer schon so viel mehr gab, worüber man glücklich sein konnte, als das, was einen traurig machte. Und du fragst dich, was genau dir eigentlich so viele Sorgen bereitet hat und wie sie nur derart real und sogar größer erscheinen konnten als die Schönheit, die du jetzt siehst. Und du schüttelst nur deinen Kopf und begreifst, wie vollkommen alles ist, wie vollkommen es immer gewesen ist und auch immer sein wird. Und du bedankst dich und bedeckst dabei dein Gesicht mit deinen Händen, du schmeckst deine salzigen Tränen, und du weißt, dass es immer nur um dieses Gefühl ging, um dieses Gefühl, mehr als um alles andere, was du je erlebt hast.

Nun gut, das ist nur ein klitzekleiner Vorgeschmack dessen, wie es sich anfühlt, das Universum zu sein – und so etwas erlebe ich die ganze Zeit über.

Natürlich weine ich auch. Immer, wenn du es tust.

Manchmal,
wenn es so aussieht,

als ob deine Flügel plötzlich und unerwartet beschnitten worden wären, dann bedeutet das vielleicht, nur vielleicht, dass du mehr lernen kannst, wenn du erst mal bleibst, wo du bist.

Aber vielleicht auch nicht.

Das entscheidest du selbst.

Die eine Art
von *Sieg*

besteht darin, ein wildes Tier zu erlegen, einen Berg zu versetzen und einen tiefen Abgrund zu überqueren. Die ganz andere Art von Sieg ist, wenn du erkennst, dass das wilde Tier und der Berg und der tiefe Abgrund von dir selbst erschaffen wurden.

Na ja,
zu dieser Tageszeit,

wenn ich mich nicht verrechnet habe, schätze ich, bist du mittendrin, dich als »nur ein Mensch« zu betrachten. Ein bisschen einsam, ein bisschen verwirrt und allein verantwortlich dafür, dahinterzukommen, wie dein Leben endlich richtig losgehen könnte.

Also da hab ich mir gedacht, ich schick dir eine kleine Erinnerung daran, dass gerade jetzt, in diesem Augenblick, Millionen Augenpaare auf dich gerichtet sind – sehr dankbar für deinen Mut … Und eine kleine Erinnerung, dass du schon alles weißt, was du wissen musst, und dass du, ob du das nun schon mitbekommen hast oder nicht, längst himmelhoch fliegst.

Bravo!

Weißt du,
wie du *Leuten*

genau das gibst, was sie am meisten, am allerallermeisten von dir wollen, sogar ohne sie fragen zu müssen, was das wäre?

Sei in jeder Hinsicht einfach ganz du selbst.

Das war nämlich genau das, wonach sie gesucht haben, als sie dich in ihrem Leben manifestierten.

Meine Güte!

Du bist wirklich ganz und gar einzigartig – und ich muss das schließlich wissen.

Komisch …
wenn du den folgenden Satz

einmal in jeder Stunde wiederholen würdest, oder sogar nur einmal an jedem einzelnen Tag, Monate und Jahre hindurch, was glaubst du, würde auf Dauer geschehen?

»Ich bin so schläfrig, ich bin so müde, ich kann nur mit Mühe und Not wach bleiben …«

Ja, ja, ich weiß schon. Darüber bist du längst hinaus. Aber hier ist ein Haken: Was würde geschehen, wenn du hellwach und mit offenen Augen, in deiner besten Form und voller Energie, anfangen würdest, das Mantra oben vor dich herzusagen?

Okay, okay, du bist eine alte Seele. Aber was wäre, wenn das nicht in einem tiefen meditativen Zustand gesprochen würde, in einem absolut stillen Raum? Wären die Resultate nicht doch lähmend oder schwächend?

In Ordnung, Guru. Ich krieg dich schon noch dran, aber erst mal noch eine kleine Neckerei.

Was wäre, wenn du überhaupt kein Buch mehr über das »Wesen der Wirklichkeit« lesen würdest? Wenn du dir nicht mehr die Mühe machtest, einen Therapeuten anzuheuern? Und auch keinem Vorbild mehr folgen würdest?
Und wenn du dann alle Konzepte für Übungen, Disziplin und Opfer in den Wind schießen würdest? Würde dein Schlafmantra dann immer noch eine Wirkung auf dich ausüben?

Na endlich, ich glaube, ich hab's geschafft. Hast du schon jemals zuvor realisiert, wie lächerlich einfach es ist, dein Leben zu verändern? Dass, egal wie arm du heute bist, wie viele Schulden du hast, wie sehr du dich verloren oder einsam fühlst – dass du trotzdem schon all die Kraft besitzt, die Weisheit und die Erfahrung, die du brauchst, um dein Leben radikal zu verändern, indem du bewusst und weise auswählst, welche Worte du aussprichst, auch wenn alles gar nicht so gut aussieht?

Horrido, du überschwengliche, siegreiche und glückliche Seele.

Ja, ja, ich weiß. Ich weiß, dass du nicht von gestern bist. Und jetzt erkennst du, dass du dich wie ein Millionär fühlst, dass alles, was du

anfasst, zu Gold wird, dass du immer das Rechte zur richtigen Zeit
sagst, dass das Leben leicht ist und Spaß macht, dass du weißt, wo es
langgeht und was du tun sollst, auch wenn du es noch gar nicht
überblicken kannst.

Was du heute auch
tun wirst,

bitte mach es so gut wie möglich. So, als ob nur das zählte, als ob
es alles wäre, was du hättest, und als ob dein ganzes Glück nur
davon abhinge. Denn genau das gehört ja schließlich zu den
Wahrheiten, die du hier lernen wolltest.

Ich kann ja gut
nachvollziehen,

dass du dich in deiner menschlichen Natur immer als ganz klein
ansiehst.

Bis du aufhörst, dich nur als ein Mensch zu sehen.

Das sollte dir doch leichtfallen …

Du bist reine Energie: unbegrenzt, unerschöpflich und unwiderstehlich.

Es gibt keine
Herausforderungen,

Angelegenheiten oder Krisen, die nicht zugleich auch den Keim einer Chance in sich tragen, die andernfalls gar nicht möglich wäre.

Ich wette, du hast gar nicht gewusst, wie viel Glück du gehabt hast!

Es wäre *weise,*
andere nicht um etwas zu bitten,

noch nicht einmal mich, um praktisch gar nichts zu bitten – Führung, Hilfe, Zeit, Trost, Sicherheit, Freundschaft, Mitgefühl, Vertrauen, Respekt, Geld, Liebe –, was du nicht bereit wärst, dir selbst zu geben.

Das wäre nur Zeitverschwendung.

Gib das, was du selbst am meisten möchtest.

Ein *Tipp* zur
Manifestation

von deinem Freund, dem Universum:

Dankbarkeit *fühlen,* schon vorher, sogar bevor du empfängst, so als ob du es bereits bekommen hättest – ob es nun um geistige Ausrichtung oder Fülle oder etwas anderes geht –, öffnet die Schleusentore.

Hast du die Betonung von fühlen *registriert?*

Ist das
nicht *toll?*

Du weißt schon, all diese Leute, Millionen und Abermillionen, die super Körper haben, auf die sie ganz stolz sind. Die enormen Reichtum erschaffen haben, mehr, als sie je ausgeben können. Die überall Freunde haben, verstreut in der ganzen Welt. Und die meisten sind nicht intelligenter als ein Erdhörnchen.

Sie haben sich mit einem »Nein« als Antwort einfach nicht zufriedengegeben.

Denk mal drüber nach.

Von einem, der Erdhörnchen wirklich gernhat,
dem Universum

Klar ist es
erst mal *schwer.*

Am Anfang ist es immer schwer. Du gehst irgendwohin, wo du in den Dschungeln von Zeit und Raum nie zuvor gewesen bist. Du haust und hackst und schneidest dir den Weg frei durch das dichte, undurchdringliche Dickicht.

Und obwohl die Umgebung vielleicht so wirkt, als ob sie sich nie verändern würde, wird doch der Tag kommen, an dem du hoch oben auf einer neuen Hochebene voller Ehrfurcht zurückschaust und verblüfft bist, wie viel Wegstrecke du zurückgelegt hast, wie viele Gefahren du hinter dir gelassen und welche Höhen du erklommen hast.
Du wirst überwältigt sein von der Unvermeidlichkeit von allem, was geschehen ist, du wirst vor Stolz fast platzen und wie vom Blitz von der Einsicht getroffen sein, dass die einzigen echten Gefahren nur darin bestanden, dass du manchmal nah dran warst, die Flinte ins Korn zu werfen oder dich mit weniger zufriedenzugeben.

Huch!
Das Universum

Und du wirst wie eine Hyäne lachen, wenn du merkst, dass es nur Papiertiger gab und dass ich selbst die vermeintlichen Löwen war.

Hast du schon mal
meine *Tarzan-Imitation* gehört?

Er selbst hat's mir beigebracht. Ich liebe Imitationen einfach, ich liebe sie, ich liebe sie.
Ich kann auch Jane super nachmachen. Du würdest nie meinen, dass nicht sie selbst es ist – das kannst du mir glauben.

Genaugenommen gibt es keine Seele auf dem Planeten, die ich nicht »gemacht« hätte. Und wenn ich »gemacht« sage, meine ich »alle Neune, total, das volle Programm«. Manchmal bin ich davon so hingerissen, dass ich tatsächlich vergesse, dass ich doch das Universum bin! Ich hasse es, wenn so was passiert. Ein ganz schöner Gegensatz, wenn du dir das vorstellen kannst. In einem Augenblick bin ich das Alpha und Omega und alles, was dazwischenliegt. Und im nächsten Moment bin ich voller Sehnsüchte, schmachte und male mir träumerisch aus, dass eines Tages, ja eines Tages, vielleicht zumindest, falls ich hart genug dafür arbeite, wenn ich gut genug bin, wenn ich nicht zu viel verlange und erwarte und wenn es für alle Beteiligten stimmig ist, dass meine Träume dann wahr werden.
Kannst du dir das vorstellen? Ich?

Und du?

Im Leben gibt es
keine *Ziellinien,*

und trotzdem danach zu suchen – in Form von schnellen
Lösungen, einem Lottosechser, einem Torschuss – erinnert dich
nur dauernd daran, was zu fehlen scheint, und verstärkt den
vermeintlichen Mangel noch. Wenn du stattdessen aufhörst, nur
auf die Endergebnisse zu schielen, und dich an der Reise selbst
erfreust, wird es bald unzählige Tage geben, an denen du
zurückblickst und dich über die Strecke wunderst, die du schon
zurückgelegt hast.

Kopf hoch, meine Liebe …

Es sieht übrigens nur so aus, als ob es lange dauert, wenn du nach
Ziellinien Ausschau hältst, mein Freund.

Hättest du dir in deinen
wildesten Träumen

je vorgestellt, dass alles so real erscheinen würde?

Dass deine Schmerzen und Sorgen so tief gehen und dass sich
deine Freuden und dein Lachen so großartig anfühlen würden?

Nein, das habe nicht mal ich mir denken können, denn das kann
man sich gar nicht vorstellen, bevor man sich auf den Weg
macht – und genau deshalb bist du ja schließlich dort. Um die
Emotionen zu spüren, die man nur dann fühlen und erkennen

kann, wenn man sich ganz auf die Illusionen von Haben und Nicht-Haben einlässt. Denn in Zeit und Raum, wie viel du auch hast, gibt es immer mehr – und egal wie wenig du hast, es gibt immer noch weniger. Deshalb wird dein Lebenssinn sich allein schon deshalb erfüllen, weil du einfach da bist, was du auch tust, wer du auch wirst oder wie viel zu gewinnen oder zu verlieren du auch meinst.

Auf den Kreis der Sieger!

Das Blatt ist ansonsten leer und unbeschrieben; deine Gedanken werden nach wie vor zu den Dingen und Ereignissen deines Lebens. Und man kann genauso viel lernen, wenn man in Reichtum und Fülle lebt, wie ohne sie …

Also, lass uns mal Reichtum und Fülle manifestieren.

Es ist so,
dass es unzählige *Zimmer*

im Haus deines Geistes gibt. Manche sind üppig ausgestattet und andere ziemlich spartanisch. Manche Zimmer bersten vor eigenen Energien, die dich zum Handeln anregen. Andere machen dir Angst, machen dich wütend oder reizbar, kaum dass du sie betrittst. Es gibt Räume, die zu Hoffnung inspirieren und neue Beziehungen fördern. Und andere voller Erinnerungen an Dinge, die schon vorüber sind, und an Träume, die sich nie erfüllt haben.

Es ist so, dass sich die Außenwelt umso mehr dem Raum anzugleichen scheint, je länger du in einem verweilst und aus dem jeweiligen Fenster blickst. Die Energie des betreffenden Raums wird auf diese Weise noch verstärkt.

Und es ist auch so, dass die meisten Leute einfach nur denken müssen, und schon halten sie sich zu einem beliebigen Zeitpunkt am Tag in dem einen oder anderen Raum auf. Dabei realisieren sie gar nicht, dass sie sich in jeder Sekunde eines jeden Tages selbst bewusst entscheiden können, in welchem Zimmer sie sich aufhalten wollen.

Also, mein Lieber, meine Liebe – das ist dein Haus …

Ausdauer,

Ausdauer, Ausdauer.

Oberflächlich betrachtet, sehen Ausdauer und Beharrlichkeit vielleicht aus, als ob man auf der physischen Ebene ständig herumfuchtelt und strampelt. Spirituell gesehen sprichst du dabei aber direkt mit mir und sagst: »Hör jetzt mal richtig zu, und zwar genau! Ich werde darauf keinesfalls verzichten. Ich weigere mich, ›vielleicht‹, ›so ungefähr‹ oder ›noch nicht‹ zu akzeptieren. Ich bin die Macht, die Herrlichkeit und der Weg. Meine Worte beflügeln den Äther, meine Handlungen erfüllen die Prophezeiung, und dein Reich komme auf Erden wie im Himmel … Ta-dam tam tam.«

Ehrlich gesagt, wenn ich mit einer solchen Klarheit konfrontiert werde, mit einem solchen Stil und solcher Gewandtheit, dann schlottern mir die Knie, und ich bin wie Wachs in deinen Händen.

Es gibt nichts *Wichtigeres* für mich,

als dir zu sagen: »Herzlichen Glückwunsch, phantastisch, gut gemacht!«

Du bist jetzt ganz offiziell der Mensch, der du schon immer sein wolltest.

Dein Mut und deine Beharrlichkeit sind inzwischen genauso berühmt geworden wie deine Kochkünste.

Weißt du, was ziemlich *wild* ist?

An diesem Scheideweg von Zeit und Raum gibt es so viele Milliarden von Menschen, mehr als jemals zuvor, die sich danach sehnen, zu erwachen und die Wahrheit über sich selbst zu verstehen, ihre Göttlichkeit und das Magische.

Und weißt du, was noch ziemlich wild ist? Genau als dieses Bedürfnis aufkam, sind gleichzeitig überall auf der Welt die größten Lehrer aufgetaucht – natürlich weitaus weniger an der Zahl –, mit denen eure Ebene je gesegnet war. Es sind solche, die diese Wahrheiten tatsächlich leben, die mit dem Beispiel ihres eigenen Lebens den Weg weisen und andere einfach durch Gespräche heilen.

Und willst du wissen, was noch viel unglaublicher ist?

Dass du dich selbst manchmal eher als Schüler bzw. Schülerin ansiehst.

Kein Problem, mach dir keine Sorgen. Deine Leistungen sind davon nicht beeinträchtigt worden. Du bist schon eine lebende Legende.

Wenn du die außerordentlichen *Geschenke*

verstehen würdest, die erst durch jede einzelne Schwierigkeit in deinem Leben ermöglicht wurden, ja dadurch erst unumgänglich waren, dann würdest du deine Probleme feiern – die neuen und die alten gleichermaßen. Dann wären sie für dich die Vorzeichen für Neubeginne, für eine spektakuläre Veränderung und enorm verstärkte Superkräfte.

Perfekt für da, wo du jetzt gerade stehst, stimmt's?

Und es geht um alle Superkräfte, die du dir nur vorstellen kannst …

Wenn ich ein Wirtschaftsprofessor wäre

und du wärst mein Student, könnte die Vorlesung sich heute so anhören:

Bitte aufgepasst … Hallo, alle mal herhören … Meine Damen und Herren!

In der »realen« Welt ist es besser, geliebt und verloren zu haben, es versucht und versagt zu haben, geträumt und es verpasst zu haben, als nur schlotternd vor Angst dazusitzen, während du eigentlich an der Reihe bist. Denn der Verlust, das Versagen, das Versäumnis – wie schmerzlich sie auch waren – werden rasch vergessen sein, wie vorübergehende Marktkorrekturen. Aber die Liebe, das Abenteuer und der Traum sind Investitionen, die sich für den Rest deines Lebens, und sogar darüber hinaus, auszahlen werden.

Nicht die Größe
deiner *Träume*

bestimmt, ob sie wahr werden oder nicht, sondern die Größe der Handlungen, die du unternimmst – in der Überzeugung, dass deine Träume nur wahr werden können.

Dein größter Bewunderer

Das Universum

Und nur damit du das weißt: Je größer der Traum, desto größer die Handlung.

Jaahaaaa!
Gute Nachrichten!

Alles, absolut und wirklich alles, was du dir je gewünscht hast, liegt jetzt in greifbarer Nähe!

Selbstverständlich musst du immer noch deine Hand danach ausstrecken.

Komm, du musst doch zugeben, dass das ein ziemlich kleiner Preis für »alles« ist, oder?

Halt! *Stopp!*
Nein, nein, nein!

Du hast doch gerade über das »Wie« nachgedacht, oder nicht? Diese Art von »Wie komme ich von hier nach dort?«-Gedanken. Diese verflixten *Wies*. So ein Mist, oder?

Es gibt in der menschlichen Erfahrungswelt nichts, was einen so entmutigen kann wie der Versuch, das Gehirn zu benutzen, um das Unsichtbare zu vermessen, weil du sofort spürst, dass das hoffnungslos ist – und damit hast du recht!

Du kannst das Unsichtbare nicht vermessen. Aber ich.

Du brauchst nur festzulegen, wo »dort« ist, und anzufangen, das zu unternehmen, was in deiner Macht steht, in jeder Richtung, die sich für dich stimmig anfühlt, aber du sollst auf keine spezielle Richtung beharren.

Tu das, was logisch ist – also an vielen Türen anklopfen und viele Steine umdrehen. Mach die spirituellen Dinge – wie Visualisieren und Nachmittagsschlaf halten. Und überlass die Zufälle, die Fügungen und spontane Erleuchtung einfach mir.

Es ist im Prinzip so, als ob man Farbe an eine Wand werfen würde und es mir überließe, die Farbkleckse miteinander zu verbinden. Denn genau das tue ich auch, und das Meisterwerk, das daraus entsteht, wird dich schier überwältigen. Versprochen.

Was glaubst du denn, wer der Mona Lisa einst ihr Lächeln gab?

So sind *Träume* nun mal …

Die längste Zeit weißt du noch nicht einmal, wie nah du ihnen bist, bis sie schließlich wahr geworden sind.

Manchmal fühlt es sich sogar am letzten Tag, bevor sie wahr werden, an, als ob sie noch Millionen Kilometer entfernt wären.

Darüber kann man ruhig mal nachdenken.

Wüsstest du nämlich, wie nah du ihnen wirklich bist, würdest du wahrscheinlich so nervös werden, dass dir die Beine schlackern, deine Stimme versagt und du so die Nerven verlierst, dass wir von vorn beginnen müssten.

Der einfachste *Weg,*

Enttäuschungen zu vermeiden und sich nicht im Stich gelassen zu fühlen, ist …

Nein, nicht etwa, die eigenen Maßstäbe niedriger anzusetzen. Das käme Aufgeben gleich.

Nein, nicht etwa, Erwartungen fallenzulassen. Das wäre eine Altweibergeschichte.

Und, nein, auch nicht, alle irdischen Wünsche aufzugeben. Das ist östliche Religion.

Vielmehr besteht der einfachste Weg darin, dir niemals selbst die Falle zu stellen und zu denken, dass dein Glück von Dingen und Ereignissen in Zeit und Raum abhängt oder davon, was andere Leute denken, sagen oder tun.

Und es hat übrigens auch überhaupt nichts mit Schokolade zu tun. Das war das Krümelmonster aus der Sesamstraße.

Nur weil alles *möglich* ist,

musst du nicht unbedingt alles machen.

Und letztlich ist es ja nicht so, dass du nicht ewig leben würdest.

Tu's auf
deine Art,

und du wirst die Aufmerksamkeit und Achtung der gesamten Welt
gewinnen.

Obwohl du das ja gar nicht brauchst.

Hast *du* dich
je gefragt,

wie viel Geduld du mit jemandem haben solltest, bevor du die
Nerven verlierst?

Unendliche Geduld.

Aber Achtung jetzt: Das heißt nicht, dass du auf andere warten
musst, bei ihnen bleiben sollst oder dich mit ihnen weiter triffst.
O Gott, nein. Das bedeutet nur, dass es – so lange, wie du sie in
deinem Leben behältst – unbedingt darauf ankommt, sie zu
verstehen, nicht, sie zu ändern.

Du könntest gar nicht freier sein.

Ist das nicht
merkwürdig,

wie du Metaphern für das Leben wirklich überall finden kannst?

Ich meine, ich sitze zum Beispiel gerade im Café, und alles sieht aus wie in einer Parodie auf Zeit und Raum.

Das Lächeln und die Herzlichkeit, mit der du an jeder Ecke begrüßt wirst, spiegeln dich selbst wider.

Nachdem du wie gewohnt bestellt hast, erwartest du ganz vertrauensvoll, dass du auch bedient wirst.

Es wäre doch auch lächerlich, dir darüber Gedanken zu machen, wie deine Bestellung ausgeführt wird. Und drüben an der Nebentheke gibt es all das süße Gebäck ... umsonst.

Ups ... Vorsicht ... Du hast etwas Milchschaum an der Nasenspitze. Ja, so, etwas niedriger ... Natürlich gibt es hier bei uns Kaffee. Wir haben hier alles (und sogar immer zuerst!).

Glaub mir,
ich weiß *alles* über dich.

Ich kenne den Stress. Ich kenne die Frustration. Ich kenne die Verführungskünste von Zeit und Raum. Das haben wir uns schon lange vorher ausgedacht. Das ist alles ein Teil des Plans. Wir wussten, dass all diese Sachen vorkommen könnten. Du hast sogar selbst darauf bestanden, dass sie immer dann passieren sollen, wenn du bereit bist, Gedanken zu denken, die du vorher noch nie gedacht hast.

Mein Kompliment.

Eine *Erinnerung* öffentlichen Interesses

vom Universum:

DU BESTIMMST.

Deine Talente sind unzählbar.

Deine Einsichten sind tiefschürfend.

Deine Wahlmöglichkeiten sind endlos.

Deine Berührung ist heilend.

Deine Gedanken werden Dinge.

Deine Kraft ist unbeschreiblich.

Und du wirst geliebt und bewundert, jeden einzelnen Augenblick, mehr, als du jetzt noch begreifen kannst.

DU BESTIMMST.

Weißt du,
wie sich das *anfühlt,*

wenn der Tag kommt, an dem alles, was du dir jetzt wünschst, Wirklichkeit ist? Wenn du in absoluter Fülle lebst, mit vollkommener Gesundheit, phantastisch aussiehst und dein Leben von all den Freunden und purer Fröhlichkeit geprägt ist?

Es wird sich anfühlen wie: »Yeah … das war doch eigentlich selbstverständlich.«

So gut kenne ich dich.

Manchmal,
nicht immer,

aber immerhin manchmal, macht es die Magie nicht zunichte, wenn man logisch denkt, sondern feuert sie noch an, weil nicht alle Wunder im Unsichtbaren verborgen liegen.

Hab keine Angst, das Offensichtliche zu tun – und zwar so gut wie möglich.

Manchmal lungern Wunder nur so herum und warten darauf, dass du sie herbeirufst, ihnen schreibst oder einfach selbst bei ihnen vorbeikommst.

Wenn du dich *bewegst*, bewege ich mich auch.

Wenn du dich um etwas bemühst, tue ich das auch. Und wenn du dich besonders anstrengst und einen Umweg auf dich nimmst, dann mache ich dir den Weg frei … aber keinen Moment früher.

Deshalb können die Umstände, bevor du dich zum Handeln entscheidest, manchmal ziemlich furchterregend wirken.

Nur mal so …

Ein von Herzen kommendes *Kompliment*,

das ehrlich gemeint ist, wird niemals vergessen.

Es liegt ganz an dir.

Und das ist im Übrigen nicht nur so, weil ich die Lippen bewege, die diese Komplimente aussprechen, sondern auch die Ohren öffne, die sie hören.

Wenn du vor die *Wahl* gestellt wirst,

zu verletzen oder verletzt zu werden, zu betrügen oder betrogen zu werden, zu missachten oder missachtet zu werden – entscheide dich immer, wirklich immer für das Zweite.

Vertrau mir.

Übrigens: In solch ein Dilemma gerät man nicht einfach nur so.

Das klingt jetzt vielleicht etwas *eingebildet,*

aber ein Teil von mir ist ja auch ganz menschlich (wenn du weißt, was ich meine).

Ich bin jemand, der das große Ganze überblickt, und von hier aus sehe ich wirklich alles und jeden. ALLES, was ihr durchgemacht habt, jede Entscheidung, die ihr je getroffen habt, und ich weiß auch ganz genau, worauf ihr gerade zusteuert. Ich kenne alle eure Hoffnungen, Träume und Ängste. Ich habe euch in Höchstform gesehen wie auch in Formtiefs; an guten und an schlechten Tagen. Und ich muss zugeben, ich könnte gar nicht stolzer darauf sein, wer ich geworden bin.

Ja, ich.

Ich habe gerade mal
nachgedacht …

Ich weiß, dass du weißt, dass es da dieses »Du« gibt, von dem du weißt, dass du es bist – abenteuerlustig, gutaussehend und unterhaltsam.

Und ich weiß, dass du weißt, dass es auch jenen anderen Teil dieses »Du« im Unsichtbaren gibt, den du irgendwie zeitweise vergessen hast – der dich ganz sein lässt, der dich liebt und der weiß, was wirklich abgeht.

Also: Wie würdest du das finden, wenn ich jetzt den Schleier mal wegnehme? Nur einen Moment lang? Damit du einen flüchtigen Blick darauf erhaschen könntest, wer dieses ganz besondere, göttliche, überirdische Wesen ist, damit du endlich begreifen würdest, wie außergewöhnlich, erhaben und göttlich du wirklich bist?

Okay …: Ich bin's.
Das ganze Universum.

Überraschung!

Was?
Du hattest eigentlich mit irgendeinem kleinen Naseweis gerechnet?

Es geht *nicht* darum,

sich würdig genug zu fühlen, Liebe, Freunde, Gesundheit oder Wohlstand zu haben. Und auch nicht darum, zu schätzen, was du bereits hast. Und noch nicht einmal darum, dich erst einmal selbst zu lieben. All das muss nicht erst eintreffen. Du brauchst keinen Heiligenschein, um die Veränderungen zu bewirken, die du dir wünschst.

Es reicht völlig, wenn du Folgendes begreifst: Wenn du deinen Teil beiträgst, wenn du visualisierst, den Weg bereitest und so handelst, »als ob«, ohne zurückzublicken oder nach schnellen Ergebnissen Ausschau zu halten, dann *muss* dir das auch gegeben werden, was du dir wünschst – wie auch das Gefühl, es wert zu sein, anerkannt zu sein und dein Selbst mit diesem Wahnsinnskörper zu lieben.

Du hast alle Voraussetzungen, die Welt zu rocken. Andere Regeln gibt es nicht.

Außerdem bedeutet das Gefühl, es nicht wert zu sein, ja nicht, es nicht doch zu sein!

Zorn ist eines
der vielen Anzeichen

für Erleuchtung.

Anders ausgedrückt: Je mehr du vom einen hast, desto weniger hast du vom anderen.

Jawohl, Sir; jawohl, Mylady.

Mach dich nicht verrückt, sei clever.

Hast du
'ne *Ahnung,*

was diesen Monat alles schon passiert ist?
Eine Million Beethovens wurden geboren.
Eine Million Picassos.
Eine Million Einsteins.
Eine Million Martin Luther Kings.
Und eine Million Madame Curies.
Um nur einige zu nennen. Und alle fähig, Berge zu versetzen, Menschen zu berühren und die Welt in einem viel besseren Zustand zu hinterlassen als dem, in dem sie sie vorgefunden haben.

Da kannst du dir sicher vorstellen, dass wir alle »hier drüben« ganz schön gespannt sind, wer unter all diesen Menschen den Mut haben wird, jeden Tag etwas zu tun, so gering es auch sein mag, mit den bescheidenen Möglichkeiten, die er hat, von da aus, wo er steht – bis sich seine ersten kleinen, babyhaften Gehversuche in Riesensprünge für alle verwandeln.

Du hast echt das Zeug dazu.

Nicht Wünsche,
sondern *Erwartungen*

teilen Meere,
versetzen Berge
und verändern alles.

Um es mal
taktvoll zu sagen …

Wenn du nicht damit anfängst, etwas zu tun, um all die wunderbaren Veränderungen einzuleiten, die sich bald in deinem Leben ereignen – Mannomann, dann weiß ich auch nicht, was passieren wird.

Aber ich weiß verdammt sicher, was nicht passieren wird.

Ich bin nicht von Finanzamt, sondern hier, um dir zu helfen.

Und ich bin auch ganz verrückt nach dir!

Wenn es je den *Prototyp*
einer symbiotischen Beziehung

gegeben hat – du weißt schon, wie Grashüpferraupen und Ameisen, die sich von deren Sekreten ernähren, wie Clownfische und Seeanemonen, wie ägyptische Regenpfeifer und Krokodile, denen sie den Rücken von Insektenlarven freihalten – wenn es also jemals zwei gegeben hat, denen es gutgeht, weil sie von der Existenz des anderen profitieren, dann sind das wir beide, Baby.

Beziehe mich einfach in jeden deiner Gedanken ein – wie ich es auch mit dir mache.

Du hast da was zwischen den Zähnen …

Natürlich denke ich ständig an dich. Du hast mir mal angedroht, dass du mich sonst bei lebendigem Leib auffressen würdest.

Mein
lieber Scholli!

Ich habe gerade realisiert, wie wenige Menschen es auf der Welt gibt, die so sind wie du. Die dein Mitgefühl haben. Deine klaren Einsichten. Und deine ungewöhnliche Lust am Leben.

Woran habe ich gerade gedacht?
Ach ja, an mein Ebenbild.
Wir rocken.

Das kann einfach kein Zufall sein. Und obwohl auch alle anderen nach meinem Ebenbild erschaffen sind, hat doch kein einziger deinen Stil und deine Formvollendetheit.

Hmm …

In der *Zeit,*
die es dauert,

bis du diesen Gruß vom Universum gelesen hast, hättest du ein neues Bild in deinen Geist verankern können – was du auch möchtest, am besten emotional aufgeladen. Ich hätte in dieser Zeit darauf reagieren können – du weißt schon, indem ich Planeten, Menschen und alles Mögliche andere neu arrangiert hätte. Und die Schleusentore hätten heftig gewackelt, während wir der Manifestation deiner Vision unendlich viel näher gekommen wären.

Zum Glück haben wir immer noch viel Zeit dafür.

Es muss gar nicht schwerfallen oder lange dauern. Visualisieren ist doch das Mindeste, was du beisteuern kannst, oder?

In
hundert Jahren

wird es keine Rolle spielen, wie viel du auf deinem Bankkonto gehabt hast, welches Auto du gefahren hast oder in welcher Art von Haus du gelebt hast.

Andererseits wäre es nicht so clever, diese Sachen gleich jetzt abzuhaken, da ja einer der Gründe, warum du überhaupt in Zeit und Raum bist, darin besteht, dass dir alle Dinge untertan sein sollen.

Und welche bessere Möglichkeit könnte es geben, in den Augen eines Kindes wichtig zu sein, als deine eigene Kraft zu leben, damit die Kinder ihre Stärke erkennen und lernen, sie zu verwirklichen?

Immer,

wenn zwei Standpunkte aufeinanderprallen, wird sich dir *letzten Endes* nicht am meisten einprägen, wer recht oder unrecht hatte, wer stark oder schwach, klug oder dumm war, sondern wer sich am stärksten darum bemüht hat, auch die Sichtweise des anderen in Erwägung zu ziehen.

Meinst du nicht auch?

Nun, ich meinte wirklich »letzten Endes«, und du wirst feststellen, dass genau das zählt.

Wenn du weißt,
was du *willst,*

wenn du dich dazu entschlossen hast, wenn du es förmlich sehen kannst, spüren kannst und dich täglich auf irgendeine Weise darauf zubewegst … dann muss es eintreffen.

Es ist einfach,
sein Leben zu *verändern,*

und es gibt ganz viele Möglichkeiten, wie man das macht, aber alle haben ihren Preis:

Unsichtbare, begrenzende, hinderliche Glaubensmuster ausfindig machen – das strengt die Gehirnzellen enorm an und geht viel leichter, wenn du einen Freund hast, der mit Verstorbenen sprechen kann. So oder so wirst du damit aber für den Rest deines Lebens beschäftigt sein.

Nachforschen, welche Ereignisse aus der Vergangenheit dich falsch programmiert haben – ein Therapeut kann dabei helfen. Ihr beide könnt dann so tun, als ob du ein sehr komplexer Mensch wärst und ein perfektes Leben gehabt hättest, wenn nur deine Kindheit nicht gewesen wäre.

Zwischen denen unterscheiden, die dich wirklich lieben, und jenen, die dich nur ausnutzen wollen – das ist ziemlich verzwickt, und man zerstört damit unter Umständen sehr gute Beziehungen. Aber mit einem fintenreichen Rechtsanwalt könntest du dir deinen

Weg bahnen und dabei wenig bis gar keine Verantwortung für dein eigenes Glück übernehmen.

Das sind nur einige der beliebtesten und am häufigsten beschriebenen Möglichkeiten. Du könntest natürlich auch einfach anfangen, zu visualisieren und dich aktiv auf das Leben deiner Träume zuzubewegen, dabei allen mit Freundlichkeit begegnen und davon ausgehen, dass alles gut ist. Das ist tiefgreifend und nachhaltig wirksam sowohl für kurzfristige als auch für langfristige Gewinne, bringt jedoch keinerlei Drama mit sich, fordert Einsatz und scheint den meisten Menschen viel zu leicht, als dass sie es ernst nehmen würden.

Nun gut,

Das Universum

Wenn du lang und breit über etwas *redest,*

was dich ärgert, dann ist das ein ziemlich sicheres Anzeichen dafür, dass du damit etwas wirklich Großes und zutiefst Befreiendes lernen kannst.

Hurraaah!

Das heißt, wenn du es schaffst, dich selbst dabei zu erwischen, innerlich umzudrehen und dich stattdessen nach Erleuchtung zu recken.

Hey! Ich hab mir gerade mal alle meine alten *Fotos*

angesehen, und – du hast es erraten – du siehst absolut umwerfend darauf aus. Aber mal ehrlich, wenn ich das sagen darf, du siehst auf einem Bild trotzdem nie so gut aus wie in Wirklichkeit. Nicht mal annähernd so gut.

Das gelegentliche Zittern deiner Lippe, das Funkeln in deinen Augen, das verborgene Fragezeichen, das manchmal hinter deinem Lächeln zu sehen ist. Das Selbstvertrauen hinter deinem Lachen, das Mitgefühl in deinen Tränen und dein unberechenbarer Humor.

Die Bestärkung in deinem Blick, die Mühelosigkeit deiner Präsenz und der ganze Kram in deinem Kofferraum. Ich würde nichts von alledem ändern wollen. Aber das hast du dir sicher schon gedacht, nicht wahr?

Ist es aber nicht seltsam, wie manche Menschen erwarten, genau das alles in einem Foto von sich zu sehen oder wenn sie einfach reglos in den Spiegel starren?

Wenn sie doch wenigstens mal in die Kamera oder in den Spiegel winken würden.

Falls dich *jemals*
jemand fragt,

ob du erleuchtet bist …

SAG IMMER JA!

Das gilt auch für Fragen nach Gesundheit, Wohlstand und Liebe jenseits aller Vorstellung.

Kapiert?

Das Universum

Dein Wort ist dein Zauberstab.

Wow!
Was für ein unglaubliches Jahr!

Jede Menge »zum ersten Mal«, Tonnen von Durchbrüchen, unzählige Wunder. Steine wurden umgedreht, Türen aufgeschlossen und neue Reisen angetreten. Ein Gefühl, als ob ich eine Ewigkeit auf all das gewartet hätte, was jetzt passiert. (Habe ich übrigens tatsächlich.)
Hast du irgendeine Vorstellung, wie viele Millennien, Billennien und Trillennien verstrichen sind, ohne dass du auf der Welt warst? Ohne dass die Art von Gedanken gedacht wurde, die du jetzt denkst, ohne die Dinge, die du jetzt tust und die Licht in alle Ecken und Winkel des Planeten bringen, in die ich ohne dich gar

nicht hineinreichen könnte. (Fast hätte ich statt »Ecken und Winkel« »Gecken und Pinkel« gesagt.)

Zu viel Zeit ist ohne dich vergangen.
Danke, und hab einen schönen Tag!

Dein Mit-Abenteurer
Das Universum

Hat sich eigentlich gelohnt, so lange zu warten. Aber wenn ich das nächste Mal eine Realität erschaffe, hättest du dann sehr viel dagegen, unter den ersten Besuchern zu sein?

Ups ...

Seit ich zum ersten Mal Flügel verteilt und jenen Herrschaft verliehen habe, die nach meinem Bilde geschaffen wurden, scheint es ein Missverständnis darüber zu geben, dass Glück durch Tun, Sein und Alles-Haben entstehen würde. Du weißt ja schon, dass es genau umgekehrt ist.

Willst du es den anderen weitersagen?

Ja, es stimmt, du hast Flügel.

Weißt du,

es scheint doch eine Schande zu sein, dass vielen Menschen das Leben ungerecht vorkommt.

Aber vielleicht ist genau das einer der Gründe, warum du gerufen worden bist: um ihnen das Leben ein bisschen erträglicher zu machen, bis sie erkennen, wie gerecht es ist, und sie dann dasselbe für andere tun können.

Also, haben sie es gut oder etwa nicht?

Und wenn ich »vielleicht« sage, bin ich nur besonders diplomatisch.

Die Tafel ist sauber *abgewischt* und leer,

die Vergangenheit hat ihren eisernen Griff gelockert, und vor dir funkelt die Ewigkeit, die sich nach Ausrichtung sehnt. Alles, was jetzt zwischen dir und dem Leben deiner Träume steht, ist eine winzige, kleine, süße Regel. Nur auf eine einzige Bedingung, eine Voraussetzung kommt es an.

Das ist nicht Liebe. Es ist nicht Gott. Auch nicht Schicksal, Glück oder Karma. Es ist nicht kompliziert oder esoterisch, und du musst auch nichts aufopfern, um nichts betteln oder etwas anbeten, um es zu erlangen. Es ist die einzige Regel, die es je gab, und die einzige, die je existieren wird. Keine Wirklichkeit kann ohne sie bestehen. Rein aufgrund ihrer Existenz gibt es dich. Mit ihrer Existenz werden die Macht, das Licht und der Weg offenbar. Es ist deine Bestimmung, sie zu entdecken, und deine Bestimmung, sie zu meistern. Sie ist der Anfang, die Mitte und das Ende; das Alpha und das Omega. Die Grundlage und das Ergebnis jedes Wunsches, jeder Sehnsucht und jedes Traums – und du bist ihr Hüter.

Diese Warnung, diese Vorbedingung, ist, dass überhaupt nichts zu irgendetwas wird und sein kann, ohne dass man es sich zuerst vorstellt. Gedanken werden Dinge, sonst gar nichts. Es kommt deshalb also auf die Gedanken an, für die du dich von jetzt an entscheidest, die dann für immer zu den Dingen und Ereignissen deines Lebens werden. Das ist in Stein gemeißelt. Es gibt keine andere Möglichkeit. Das ist deine Fahrkarte überallhin – wovon immer du auch träumst. Das ist dein Pass zu Fülle, Gesundheit und Freundschaft. Der Schlüssel zum Palast deiner kühnsten Träume.

Deine Gedanken (und nur deine Gedanken) werden dich in Bewegung versetzen. Deine Gedanken werden die Inspiration hervorbringen, die Kreativität und Entschlossenheit, die du brauchst. Deine Gedanken werden die Magie des Universums wie ein Orchester leiten und inspirieren. Deine Gedanken werden dich zur Ziellinie tragen, wenn du sie nur fortlaufend denkst. Gib niemals auf. Wanke nie, schwanke und zweifle nie, hinterfrage nicht.

Steck dir hohe Ziele.

Dass dich dieser Gruß überhaupt erreicht, dass du ihn ganz durchlesen kannst, bedeutet, dass du ganz nah dran bist. Extrem nah dran. Die schwerste Arbeit ist schon getan. Die Kriege sind vorbei. Die Lektionen wurden gelernt. Die Reise geht jetzt nach Hause.

Du verdienst es wirklich. Du bist bereit. Es ist alles, was zwischen dir und dem Leben deiner Träume steht.

Was ist schlimmer,

als ein Mensch zu sein und mit anhören zu müssen, wie Fingernägel über eine Schiefertafel kratzen?

Das Universum zu sein und ständig zu hören »Darf ich? Kann ich? Will ich?« anstatt »Danke. Danke. Danke.«.

Da muss ich richtig die Augen zukneifen.

Ich würde sogar noch lieber »Hubba. Hubba. Hubba.« hören.

Als ich es das letzte Mal *überprüft* habe,

warst du noch ein Ewig-da-Wesen mit so vielen zweiten Chancen und neuen Romanzen auf der hohen Kante, wie es Sterne am Nachthimmel gibt; ein Wesen, dessen Gedanken Flügel haben, dessen Träume Dinge werden und vor dem sich alle Elemente verneigen. (Falls du dich das mal gefragt hast.)

Wo ist sie nur? Wo ist sie nur? Hast du in letzter Zeit deine Zukunft gesehen? Ah, da ist sie ja! Sie dreht sich in deiner eigenen Handfläche.

Die beste
Erklärung,

die ich dafür habe, dass manche deprimiert sind, den Antrieb verlieren und zu viel fernsehen, ist, dass sie irgendwie vergessen haben, wie schnell sich die Dinge ändern, und dass sie erst noch entdecken müssen, wie gut sie sein können.

Sogar du wirst davon überrascht sein.

Ich schau mir selbst aber auch ab und zu Big Brother an.

Kannst du dich noch
daran *erinnern,*

als es richtig Spaß gemacht hat, Regentropfen mit der Zunge aufzufangen, unter Torbögen durchzugehen, einfach weil sie da waren, und im Sand am Strand herumzutollen? Den weiten Weg zu einem Laden zu machen, um eine kleine Süßigkeit zu besorgen, auf dem Rücken im Gras zu liegen und hinter den Wolken nach dem lieben Gott zu suchen und im Spiegel fürchterliche Grimassen zu schneiden? Die Sterne anzuschauen, weil sie dir zuzwinkern, die Blumen neben der Gartentür zu zählen und Puffreis in die Nase zu stecken?

Also, ich freue mich, dass ich dir mitteilen kann, dass es das meiste immer noch gibt.

Ahhhh …

Juchhu, du lebst!

So viel wird über
die *Lust*

auf irdische Dinge geredet, also könnte ich doch meine eigene Stimme diesem Chor hinzufügen: Auf geht's!

Denn letzten Endes ist Materie nichts anderes als reiner Geist.

Du kennst doch
das *Gefühl,*

wenn du etwas jeden Tag visualisierst, und zwar in einem solchen Maß, dass du seine Wirklichkeit regelrecht schmecken kannst. Und wenn du an die Wahrscheinlichkeit, dass es sich manifestiert, aus ganzem Herzen und mit ganzer Seele glaubst. Und wenn du dich jedes Mal, wenn du daran denkst, auf irgendeine kleine Art und Weise für dessen Verwirklichung vorbereitest? Und wenn trotzdem absolut gar nichts passiert?

Stimmt! Das ist unmöglich.

Tu einfach deinen Teil, und ich tue währenddessen meinen, und alles wird sich verändern.

Aha!

Weißt du, was deine Gedanken in der letzten Woche gemacht haben?

Klar weißt du das.

Sie wurden zu den Dingen und Ereignissen dieser Woche. Die Dinge, von denen du gedacht hattest, dass sie schwierig würden, sind schwierig geworden; die leichten wurden leicht, die langweiligen langweilig, und Spaß wurde zu Spaß. Wo du gedacht hattest, dass es Überraschungen geben könnte, da gab es welche. Und wo du meintest, durch ein Minenfeld zu gehen, lagen Minen herum.

Bravo! Du kannst die letzte Woche zur Liste deiner kreativsten Leistungen hinzufügen.

So, jetzt kannst du dir ja sicher vorstellen, was deine Gedanken in dieser Woche so alles anstellen werden, oder?

Bitte wähle jeden einzelnen Gedanken so aus, als ob es nur auf ihn ankäme.

Alles wird nur
besser.

Ja, ich weiß zwar, dass nicht jeder dafür bereit ist …
Aber: Es wird wirklich alles besser.

Mach dich drauf
gefasst!

Es ist Zeit für mehr »gute Nachrichten, schlechte Nachrichten«.

Die gute Nachricht ist: Das Leben ist nur eine Illusion. Eine Art
Spielplatz für spirituelle Abenteurer, um ihre Göttlichkeit zu
erkennen. Wo absolut alles passieren kann, wo Gedanken zu
Dingen und Träume tatsächlich wahr werden. Es ist das tollste
Paradies für Testpiloten, wo sie abstürzen und verbrennen und
dann das Ganze wiederholen können. Wo sie sich austoben und
lernen. Aufsteigen und fallen. Erobern und überziehen. Oder
nur kreisen und kreisen – manchmal absichtlich, manchmal
nicht. Und all das, während sie dadurch das gesamte Universum
erheben, jede nur vorstellbare Form von Bewusstsein. Immer
höher ins Licht, durch die Lektionen, die sie sich mit Tränen
und Lachen erkauft haben.

Was nun die schlechten Nachrichten sind?

Du bist der Testpilot, die Testpilotin.

Unser Held, unsere Heldin, unser Flug-Ass,
Das Universum

*Ha, von wegen »schlechte Nachrichten«. Du bist ein unbegrenztes
Lichtwesen, das geliebt und bewundert wird, ein Wesen ohne Anfang
oder Ende, unbesiegbar, unendlich, allmächtig … Das sollen schlechte
Nachrichten sein? Von wegen.*

Das geht
so …

Was du auch herbeirufen oder dir vorstellen kannst und worauf du
auch zugehst, gleich, wie unmerklich am Anfang, kann ich dir
liefern.

In froher Erwartung
Das Universum

Pass also jetzt auf, denn du kriegst es wirklich!

Du brauchst *niemals*
daran zu zweifeln,

dass ich unermüdlich zu deinen Gunsten konspiriere.
Denn falls es dir noch nicht aufgefallen sein sollte: Ich brauche
dich genauso sehr wie du mich. Damit du mir den Weg zeigst,
damit du mir jeden Tag gibst und damit du dort hingehst, wo ich
sonst nicht hinkäme.

Amen
Das Universum

Du machst mich vollständig.

Egal,
was du vielleicht sonst noch

fühlst oder denkst: Es funktioniert, tadellos, magisch und immer.
Deine Gedanken, Glaubensmuster und Erwartungen sind die
einzige Ursache für die Auswirkungen in deinem Leben. Du hältst
jetzt womöglich inne und fragst dich, warum du denn dann nicht
einige der Erfolge erlebt hast, die du angestrebt hast. Aber du
solltest dich auch ermächtigt fühlen, weil alle Schleusen auffliegen
müssen und dir das Königreich genau in dem Augenblick offenbart
wird, wenn du all das loslässt, was deiner Meinung nach nicht
funktioniert.

Es gibt
ein paar *Leute,*

die denken, das Leben sei nicht gerecht,
und denen sage ich: »Treffer!«

Klar, das sind die Menschen, die sich als unbegrenzte Lichtwesen
begreifen, für die alles möglich ist. Sie verstehen, dass ihre
Gedanken zu Dingen werden, dass aus ihren Gedanken nicht nur
Träume entstehen, sondern ganze Welten. Und sie erkennen und

freuen sich daran, dass bereits ihre Existenz in Zeit und Raum
beweist, dass sie über alle Vorstellungen hinaus geliebt werden.

Ja, das sind all die Leute, die die Tatsache begriffen haben, dass sie
die Herrschaft über alle Dinge besitzen und die Karten des Lebens
tatsächlich ganz zu ihren Gunsten gemischt werden.

N'est-ce pas? Mehr Glück könntest du ja gar nicht haben.

Es ist niemals,
wirklich *niemals,* niemals

zu spät, um dich schon im Voraus für die Hilfe zu bedanken, die
du brauchst, so, als ob du sie schon erhalten hättest. Du kannst dir
ja gar nicht vorstellen, wie viel ich in kürzester Zeit schaffen kann,
buchstäblich in gar keiner Zeit.

Danke fürs Zuhören.

Siehst du? Es funktioniert.

Unheimlich, gruselig? Da kannst du drauf
wetten, dass es *unheimlich* ist.

Verpack dich mal in einen kleinen Energieball. Vergiss absichtlich,
dass du überall bist, zu jeder Zeit und gleichzeitig Sonne, Mond
und Sterne bist. Tu wie ein kleines Kind, und zeige dich dem
Bewusstsein all derer, die genauso umherirren wie du, und wenn

sie es noch so gut meinen. Übernimm ihre Glaubensmuster. Mach bei ihren Spielen mit. Verbring einen Großteil deines Lebens, indem du dich an ihre Regeln hältst. Und vertrau darauf, dass du dennoch wahrnehmen wirst, wie deine Gedanken weiterhin und ausnahmslos zu den Dingen und Ereignissen deines Lebens werden. Vertrau darauf, offen genug dafür zu sein, dass du selbst die Ursache bist, falls du an Wirkungen glaubst. Übernimm Verantwortung für all das, was du je erlebt oder nicht erlebt hast. Damit du am Ende deine uneingeschränkten Superkräfte erkennst, sie für dich in Anspruch nimmst und die Welt rockst!

Ich bin total erschreckt. Das wird höchstwahrscheinlich meine beste Arbeit sein. Was soll ich denn danach überhaupt noch als nächste Realität erschaffen?

Gut, wir werden uns etwas überlegen, was noch abenteuerlicher ist.

Das ist
total cool!

Letzte Nacht haben wir gemeinsam geträumt.

Erinnerst du dich? Wie wir in kilometerhohe Wolken geflogen sind und wieder heraus? Wie wir entlang stiller Seen und reißender Ströme gewandert sind? Wie wir Goldmünzen aus den Hosentaschen unserer Bluejeans manifestiert haben? Wie wir uns denen zugewandt haben, die gerade erst dabei waren, zu entdecken, dass Erfolg ihr natürlicher Zustand ist, Fülle ihr Geburtsrecht und dass Freunde, Führer und Bewunderer immer nur einen Steinwurf weit entfernt sind?

Mist, du hattest recht. Du hast ja gesagt, dass du dich an gar nichts davon erinnern würdest.

Na ja, das ist auch okay so. Aber ich habe auch recht gehabt. Ich hatte gesagt, dass die, denen du geholfen hast, das nie vergessen würden.
Genauso wie hier, auf dieser Seite.

Bis heute Nacht,
Das Universum

Ist Unsterblichkeit nicht großartig?

Eine Menge Menschen
wundern sich …

Sehr viel weniger nehmen sich die Zeit, richtig nachzudenken …

Aber es ist doch wie verhext: Manchmal meine ich, ich könnte an den Fingern meiner Hände abzählen, wie viele Menschen tatsächlich das Leben ihrer Träume visualisieren, so, als ob ihre Träume schon wahr geworden wären; und die das an jedem Tag aufs Neue tun, nur so ungefähr fünf Minuten lang.

Tu's einfach, bis du ganz zufrieden bist.

Klar, ich habe riesige Hände und ganz viele Finger, aber trotzdem.

Finde *ich*
das nur,

oder ist das für alle anderen auch so,
dass alles viel zu gut und schön aussieht, um überhaupt wahr zu
sein?

*Und nebenbei bemerkt: Wie viele verschiedene Geschmacksrichtungen
von Schokolade braucht man eigentlich wirklich?*

Es gibt immer
einen *Weg.*

Obwohl alles dafür spricht, dass es nicht der sein wird,
der einem zuerst in den Sinn kommt.

*Konzentriere und verpflichte dich nur für das Endergebnis, lass die
verflixten Wies fallen, und sei befreit von verriegelten Türen,
enttäuschten Hoffnungen und gebrochenen Versprechungen.*

Deine ganz eigene
Balance von

Witz, Charme und Intelligenz …

das Maß deiner Ausdauer, Stärke und Einsatzfreude …

die Tiefe deiner Sensibilität, Leidenschaft und deiner Neigungen …

das alles hat es vorher noch nie, ganz und gar niemals bisher gegeben.

Meinst du nun, dass alle diese Dinge zufällig so zusammengetroffen und angeordnet worden sind? Oder glaubst du, das war meine Idee und mein Plan, um dorthin zu gelangen, wohin andere nicht gehen konnten?

Bingo, stimmt genau.

Na, halt so ähnlich wie dieser tolle Mars-Rover, aber eben auf der Erde, ohne all die Kinderkrankheiten und viel hübscher.

Die Sache
mit dem *Erfolg* ist,

dass er oft so spät kommt, dass nur die Spinner, die Fuzzis und solche, die eine Macke haben, noch da sind, um ihn zu begrüßen (du weißt schon, die, die immer weiter geglaubt haben, obwohl alles in der Welt dagegensprach).

Ein bisschen merkwürdig ist gut.

Das Universum

Na ja, der Erfolg müsste gar nicht so spät kommen, aber manchmal muss er eben so lange warten, bis die Leute aufhören, sich darüber Sorgen zu machen, ob er überhaupt kommt.

Nicht die
umwerfende Stimme

macht eine Sängerin aus. Kluge Geschichten machen noch keinen Autor. Und nicht die Berge von Geld machen den *Tycoon*.

Sondern dass man einen Traum hat, den man so sehr leben möchte, dass man lieber ihm folgt und »versagt«, als in einem anderen Bereich Erfolg zu haben.

Du hast bereits so sehr schon alles, was es dazu braucht.

Und an diesem Punkt wird Versagen ganz und gar unmöglich; Freude und Fröhlichkeit werden zum Maßstab von Erfolg, und dann passt du unweigerlich auch wieder in die Jeans rein, die du damals getragen hast. Hubba, hubba.

Hast du irgendeine
Vorstellung davon,

wie sehr, unbedingt und ganz und gar ich selbst genau dieselben Dinge möchte, die du jetzt willst?

Na gut, wir wollen das mal so sagen: Nachdem wir visualisiert, erwartet und voller Vertrauen gehandelt hatten – bist du aufgetaucht.

Wir sitzen im selben Boot.

Banzai –
Das Universum.

Zehntausend Jahre sollst du leben!
(Als ob du das nicht schon getan hättest.)

Jaaaaah!
Endlich wieder FREITAG!

Weißt du, was das heißt?

Es bedeutet, dass du immer noch Zeit hast.
Es bedeutet, dass immer noch du selbst dran bist.
Es bedeutet, dass ich gar nicht aufhören kann, dich zu lieben.

XOXO
Das Universum

Jaaaaah!
Endlich wieder MONTAG!

Weißt du, was das heißt?

Es heißt, dass du träumst. An einem Ort, an dem deine Gedanken zu den Dingen und Ereignissen deines Lebens werden. Und in diesem Traum bist du gerade dabei, wieder einmal ein brandneues Abenteuer zu manifestieren, das von der Illusion von sieben Wochentagen eingerahmt wird. Und darin sind alle Bösewichte und Helden, denen du in dieser Woche begegnest, sind alle Hochs und Tiefs, alle Elfmetertore, Freistöße oder Endspielsiege, alle Paten und alle Zuckerpuppen oder Oprah Winfreys ... sie alle entsprechen deinen Absichten und Plänen, du hast sie alle selbst manifestiert.

Jaaaaah!
Endlich wieder DIENSTAG!

Nein, das ist jetzt nur ein Witz.

Ähm ... obwohl das jetzt nach einer Schwindelei klingt:

Man kann niemanden anlügen, der sich nicht selbst schon einmal, auf irgendeine Weise, selbst angelogen hat.

Selbst-Täuschung ist wirklich der einzige Schwindel,
den es gibt.

Da ist
nichts *Falsches* dran,

einfach »mehr« zu wollen.

Es bedeutet nur, dass du lebendig bist und es dir gutgeht.

Also, eigentlich »sollst« du immer mehr wollen.

Hast du schon
den *Witz* gehört

von dem kleinen Jungen, der seine Mutter gefragt hat, warum die Leute nicht fliegen? Sie sagte zu ihm: »Hauptsächlich, weil sie vergessen, dass sie Flügel haben.«

Sorry, das war nicht mehr so witzig, aber ich wollte einfach, dass du deine nicht vergisst.

Auf die Sterne
Das Universum

Wenn ich dich nicht so *dringend*
dort drüben

brauchen würde, dann würde ich dich hier brauchen.

»Danke!« im Namen von allen in deinem Leben, die jetzt gerade zu beschäftigt sind oder zu gestresst oder traurig, um zu merken, wie viel du zu ihrem Leben beiträgst. (Du weißt schon, wen ich meine.)

Das Universum

Ich bin nicht so scharf darauf, Leute zu klonen, außer wenn sie von dir sprechen.

Regel Nr. 1
beim *Geben:*

Erwarte nicht, dass dein Reich komme oder dein Wohlstand sich mehre direkt durch den Empfänger deiner Herzensgüte.

Das macht mich absolut und total verrückt – denn es schränkt meine Optionen unglaublich stark ein.

Außerdem freue ich mich immer sehr viel mehr, wenn ich dich überraschen kann.

Wenn du
nur *wüsstest,*

wie viele Wunder du schon vollbracht hast, dann würde dich nichts mehr jemals wieder erdrücken, ängstigen oder dir unmöglich vorkommen.

Und du würdest anfangen, dich selbst zu bewundern – wie wir das schon immer getan haben.

Nur ein einziges *Wort*
von dir,

nur ein Wort – und schon bin ich da.

Egal wo »da« gerade ist. Egal was du willst. Egal was du
brauchst. Egal wo du vorher gewesen bist. Egal wohin du gehst.
Egal wann du bittest. Egal wie. Gleich wer sonst noch bei dir
ist. Gleich, an wen sonst du noch denkst. Egal, gleich, egal.

Bitte vertrau mir,
Das Universum

Und ich begleite alle Engel,
jeden einzelnen,
wenn du nur ein Wort sagst.

Selbstverständlich
werden *Träume* wahr.

Schau dich nur mal um. Sieh aus dem Fenster. Den Flur hinunter.
Guck in den Spiegel. All das waren früher meine Träume.

Und ich habe damals fast bei null angefangen.

Wie du *vermutlich*
inzwischen mitbekommen hast,

denke ich nicht in den Kategorien von vernünftig oder
unvernünftig, wahrscheinlich oder unwahrscheinlich, möglich
oder unmöglich. Ich kümmere mich nur um das »Wie«.

Rate mal, was dabei für dich noch bleibt.

*Komm, sie sollen sich doch ruhig mal den Mund zerreißen
über dich.*

Hier bei uns
ist deine *Erfolgsbilanz,*

hast du das vergessen?

Klein – winzig – klitzeklein …

So werden alle deine jetzigen Themen, Herausforderungen und
sogenannten Probleme schon bald aussehen.

Und dann wunderst du dich – an einem heißen Sommerabend,
wenn du faul in deinem Swimmingpool treibst (im Hintergrund
spielt ein unsichtbares Orchester deine Lieblingsmusik): Du bist
gesund, voller Selbstvertrauen und strahlst nur so angesichts
deiner neuerlichen Erfolge auf dem Immobilienmarkt, du bist
durchtrainiert, braungebrannt, siehst super aus, du spritzt fröhlich
deine Freunde mit Wasser voll, ihr erzählt euch Witze und lacht
manchmal so sehr, dass ihr fast untergeht – wie konntest du nur je
gedacht haben, dass deine Problemchen eine solch große Sache
seien?

Ich kenne dich ja.

Und den Fetzen nennst du einen Badeanzug?

Wenn
du *mich* fragst,

würde ich sagen, dass die erste und wichtigste Ursache für Einsamkeit in Zeit und Raum nicht ein Mangel an Freunden ist, sondern ein Mangel an Aktivität und Beschäftigung.

Ich würde sogar so weit gehen zu sagen, dass in neun von zehn Fällen die Lösung für jede Krise oder Herausforderung oder für jedes Problem – in Partnerschaft, Beruf oder anderen Bereichen – darin besteht, in irgendeiner Form tätig zu werden.

Denn wenn du tätig wirst, gibst du mir die Chance, das unter deine dicke alte Nase einzuschmuggeln, was du am meisten brauchst – sei es materieller oder spiritueller Natur oder neue Freunde, Antworten, Ideen oder Annehmlichkeiten.

Und das eine Mal von zehn, wenn das nicht gilt?
Da muss man erst ganz still werden – und erst danach tätig werden.

Unter deiner
leuchtenden Haut,

geradewegs hinter dem Funkeln deiner Augen, aus den Tiefen deiner Seele aufsteigend, ist ein feuerspeiender Drache von unglaublicher Stärke und Weisheit, und da sind Gedanken, die nach außen dringen und jede Ecke des Universums knistern lassen.

Ein verspielter Drache. Ein furchtloser Drache. Ein gutaussehender Drache. Riesig und doch flink, spontan und doch klug, unvernünftig und dabei maßvoll, unglaublich und dabei unschuldig, entschlossen und doch geduldig, achtsam und doch unbesorgt, licht und dabei erfüllend.

Ein Raubtier, ein Wächter und ein Liebhaber von Abenteuern.

Ich finde es wirklich super, dass ich in der letzten Zeit immer mehr und mehr davon zum Vorschein kommen sehe.

Da bekommt das Wort »heißer Feger« eine ganz neue Bedeutung.

Tatütata,
tatütata …

Wir unterbrechen deinen Tag für einen Test unseres Notfall-Funksystems.

Siehst du mich? Jetzt, hier?
Ja, ich bin das Licht und alles, worauf es fällt.

Kannst du mich hören?

Ja, ich bin jeder einzelne Ton – und auch die Stille.

Kannst du mich fühlen? Hier und jetzt? In der Luft auf deiner Haut, unter deinen Füßen und in deinen Händen? Das Schlagen deines Herzens, seinen Rhythmus und das Blut in deinen Adern?

Genau, stimmt. So, beim nächsten Mal, wenn du einen Anlass zur Sorge hast, *sieh* mich. Beim nächsten Mal, wenn du irgendetwas unbedingt brauchst, *hör* mich. Und beim nächsten Mal, wenn du dich einsam fühlst, denk dran, dass du nie allein bist.

Wenn du dich einmal *entschlossen* hast

und etwas anfängst, dann entscheid dich ganz dafür, sag »Ja!« dazu und schau niemals mehr zurück. Zweifelst du irgendwie oder im geringsten daran, dass ich sofort an deine Seite eile?

Dass Legionen zu Hilfe gerufen würden? Dass Mitspieler in dein Team gelangen? Dass Beziehungen geknüpft und Umstände erschaffen würden? Dass die Teile des Puzzles zusammengefügt würden?

Zweifelst du irgendwie daran, dass der Gang der Geschichte unwiderruflich geändert würde?

Gut, dachte ich mir doch, dass du gar keine Zweifel an alldem hast.

Ich denke, du bist bereit, nicht wahr?

War das ein deutliches »Ja«?

Oh,
so ein Mist!

Habe ich vergessen, dich zu bitten, die Lichter auszuschalten? Du weißt schon, im »Saal der Aufzeichnungen«, wo ich dir all die Bücher gezeigt habe, die über dich geschrieben wurden?

Aber denk dran: Sag keinem ein Wort davon. (Die meisten glauben sowieso nicht dran, dass man durch die Zeit reisen kann, und außerdem werden sie denken, dass du ziemlich abgefahren bist.)

Schhhhh…
Das Universum

Hab ich dir doch gesagt. Du hast eine ganz schöne Show abgezogen, oder? Die ganze blühende Welt verändert.

Ausdauer
ist unbezahlbar,

aber ihr Wert besteht darin, etwas zu tun, mehr zu tun, immer weiter etwas zu tun – nicht darin zu warten, länger zu warten, ständig zu warten.

Okay? Okay? Okay?

Das Universum

Du würdest selbstverständlich nie einfach nur so herumlungern und irgendwie auf irgendjemanden oder irgendetwas warten, nicht wahr?

Da flippe ich immer
völlig aus.

Die Leute reden mit mir, sie stellen mir Fragen, sie zeigen mir Sachen – aber dabei erwarten sie nur sehr selten eine Antwort.

Bin ich unsichtbar, oder was?

Na ja,
Erleuchtung ist so,

als ob man zum ersten Mal ohne Flügel fliegen würde.

Natürlich sind da freudige Erregung, Glückserleben und das berauschende Gefühl von Freiheit, das man fast nicht beschreiben kann.

Aber es gibt auch den leichten Schock über das, was du nun als die Unausweichlichkeit deiner Leistung ansiehst. Verwunderung darüber, dass du das nicht auch schon früher so klar gesehen hast, vermischt mit Akzeptanz. Und die unklare Erkenntnis, dass das Teil einer fernen Vereinbarung ist, die du früher einmal getroffen hast.

Und wenn du dann wieder zu dir kommst und endlich daran

denkst, mal nach unten zu blicken – auf das winzige Juwel, das du so lange dein Zuhause genannt hast –, dann wird es dir einen Ruck geben, wie es so zauberhaft und anstrengungslos im Raum schwebt. Und du erkennst, zum allerersten Mal, dass du sogar auch dort die ganze Zeit geflogen bist.

Vorsicht, guck wieder nach oben!
Da kommt geradewegs ein Baum auf dich zu!

Kennst du
diese *Gefühle* von

Euphorie, Aufregung und Inspiration, die deine Seele fliegen lassen?

Das bin dann nur ich und alle Engel, die endlich durch eine der vielen Türen stürmen, die du eingetreten hast, und dann weiter den Flur entlang und in das Licht deines suchenden Herzens tanzen.

Und was ist dann mit den Gefühlen von Verzweiflung, Trauer und Ohnmacht, bei denen du dich fühlst, als ob du das Gewicht der Welt auf deinen Schultern tragen würdest?

Das sind auch wir. Die wir dich daran erinnern, dass es noch eine ganze Reihe mehr Türen gibt, die du versuchen solltest zu öffnen.

Lass die Party beginnen.

Wenn es darum geht,
»*alles* zu haben«,

haben viele wunderbare junge Seelen ein Problem mit dem Wort
»haben«. Sie machen sich Sorgen über die Vorstellung von Haben,
um die Eigentümerschaft, die darinstecken könnte. Ihre Seele ist
betroffen durch Schuldgefühle wegen des Genusses, den sie an
materiellen Dingen hat. Und sie schaudern beim Gedanken, dass
»andere« weniger haben als sie selbst.

Natürlich sind solche redlichen und selbstlosen Gedanken ein
wesentlicher Faktor dafür, Mangel in einer Welt grenzenloser Fülle
zu kreieren – aber sie lernen es schon noch.

So sind Kinder nun mal!

Wow!
Phantastisch!

Das Drehbuch für die wunderbarste Zeit in deinem Leben nähert
sich der Vollendung! Wir sind so aufgeregt und freuen uns für
dich. Bravo, bravo, bravo!

Da stecken Freunde und Fröhlichkeit drin, Wohlstand und Fülle,
Gesundheit und Harmonie. Und vor allem wird es da einige
wirklich tolle Überraschungen geben. GROSSE Überraschungen!
Wirklich RIESIGE, XXL-Größenordnung.

Und du wirst sagen,
»Ab-b... aber ... ich ... ich ... ich ...
Www... wie kommt das alles zustande? Nie in meinem Leben
hätte ich mir so etwas Ungeheuerliches vorstellen können. Alle
meine Erwartungen sind bei weitem übertroffen worden. Niemals
hätte ich mir träumen lassen, solchen Segen zu erhalten.« Und wir
werden antworten: »O doch, genau das hast du dir erträumt.«

Und du sagst dann: »O nein, hab ich nicht.«
Und wir werden sagen: »Doch.«
Und du: »Hab ich nicht.«

Und dann werden wir dich an die Gelegenheiten erinnern, als du
dich selbst einfach als glücklich erlebt hast. Als du begeistertes
Glücklichsein visualisiert und dich nicht um die Einzelheiten
gekümmert hast. Als du vor deinem geistigen Auge von einem Ohr
zum anderen gelacht hast, zur Bekräftigung deine Faust geballt
hast, mit zitternden Fingern deine Freunde angerufen hast, als dir
Glückstränen die Wangen hinunterliefen, als du alle *Wies* dem
Universum überlassen hast.

Und du wirst dann sagen: »Oh.«

Und wir werden, unter den eigenen Tränen, sagen: »Schöne *Wies*,
nicht wahr?«

»Kamera ab!«

Hast du jemals daran gedacht, Drehbücher für Filme zu schreiben?

Tja, wenn alles
viel *leichter* wäre,

dann wäre es nichts mehr wert.

Du wirst das erkennen.

Findest du,
dass es sich *lohnen* würde,

deinen eigenen kleinen privaten Planeten zu haben, auf dem du
haben, tun und sein könntest, was du dir immer erträumt hast, mit
so vielen Freunden, wie du möchtest? Und wenn der Eintrittspreis
dafür darin bestünde, dass du vergisst, wie du überhaupt dahin
gekommen bist – damit du dann deinen Thron ganz allein
entdecken könntest?

Alle verneigen sich vor dir.

Du bist immer schon ein Vorreiter gewesen. Aber hast du eine Ahnung,
mit wie vielen anderen ich das gleiche Geschäft abschließen musste?

Noch mal ein *Gedanke*
über das ständige »Wie«.

Nur weil du dich nicht um die *Wies* kümmern sollst, heißt das noch lange nicht, dass du nicht so viel unternehmen solltest, wie du nur kannst, mit den Möglichkeiten, die du zur Verfügung hast, von dem Ort aus, an dem du jetzt bist.

Der Unterschied besteht darin, wie du das betrachtest, was du tust: Du tust nicht alles, was du nur kannst, in der Ansicht, dass der Ball direkt ins Tor geht, sondern im Wissen, dass jede Tür, an der du anklopfst, und jeder Stein, den du umdrehst, ein Pass ist, den du mir zuspielst.

Je mehr Pässe zu spielst, desto mehr Möglichkeiten habe ich, den Ball ins Tor zu befördern, und umso bessere Chancen zum erfolgreichen Torschuss habe ich.

Also spiel mir den Ball zu,
Das Universum

Es ist einfach so: Wenn du willst, dass ich ALLES unternehme, was ich nur kann (Berge versetzen und solche Sachen), dann musst du ALLES tun, was du kannst (die Angel auswerfen und so).

Wie man alles Mögliche
bewirken kann ...

Handle so, als ob es bereits geschehen wäre,
und schau niemals zurück.

Danke,
dass du da bist,

auch dann, wenn die Zeiten »hart« sind.

Und es tut mir leid, wenn sie jemals zu schwer schienen.
Aber ich bin mir ziemlich sicher, dass es letzten Endes du selbst
warst, der gesagt hatte: »Ich will alles – egal was es kostet.«

Du Power-Shopper, du.

Das Universum

Kannst du dir nur
einen *Augenblick* lang vorstellen,

dass ich an dem Tag, an dem die Erde erschaffen wurde, sie in
jeder nur vorstellbaren Form erfahren wollte?

Gut.

Kannst du dir nun vorstellen, dass ich, als es darum ging, die Tiere zu erschaffen, mich nicht für ein einziges entscheiden konnte? Sondern durch die Himmel fliegen, in den Meeren schwimmen und die Felder durchwühlen wollte?

Großartig. Ich musste einfach alle Tiere der Erde sein, um alle ihre Geheimnisse zu erkunden.

Und als es nun darum ging, die Herrschaft über alle Dinge zu haben, sollte es doch inzwischen genauso offensichtlich sein, dass ich einfach jedermann und jederfrau sein musste.

Und das bin ich auch.

Ich laufe in allen Schuhen. Jeden Tag.

Kannst du dich daran *erinnern,*

als du dir vor langer Zeit, an dem Tag, an dem du zum ersten Mal deine Flügel verdient hattest, darüber Sorgen gemacht hast, ob du wohl in der Lage wärst, dich mit Hilfe der Flügel selbst zu erheben und damit auch den gesamten Planeten höher zu bringen?

Und ich dich dann sehr daran erinnert habe, dass du dir die Flügel doch deshalb verdient hattest, weil du das schon vollbracht hattest?

Du hast schon alles erworben, was dein Herz begehrt.

Außerdem hast du damals doch gar nicht selbst geglaubt, dass dich diese Flügel noch höher würden tragen können, nachdem du sie als Sonderanfertigung mit gefassten Diamanten, eingelegten Perlen und den goldenen Landeklappen mit Monogramm bestellt hattest, oder? Ich begreife kaum, wie du mit solchen Dingern auch nur normal gehen kannst. Aber ich bin sehr, sehr stolz auf dich.

Klar

stimmt es,

dass jeder mit einer ganz besonderen Gabe geboren wird. Mit einer, die diesem Menschen einen besonderen Platz im Universum gibt, den nur er und er ganz allein ausfüllen kann. Mit einer Segnung, die alle anderen verblassen lässt. Mit einer Gabe von so unschätzbar hohem Wert für die gesamte Welt, wenn sie erst einmal entdeckt, erforscht und verwirklicht wird.

Was deine Gabe ist?

Ganz du selbst zu sein.

Wow, du musst wirklich irgendein ganz großes Tier »da oben« gekannt haben.

Allgemeiner
Persönlichkeitstest:

Möchtest du wissen, ob du ein angeborenes Talent zum Heilen besitzt? Oder ob deine Stärke vielleicht als Führungskraft zum Ausdruck käme? Ob du eher mit der linken oder der rechten Gehirnhälfte besser arbeitest? Ob du wirklich ein sozialer Mensch bist? Ob dir aufgrund deiner Glaubensmuster Freunde, Fröhlichkeit und Fülle mühelos zufließen oder ob du dich mit gezieltem Einsatz darum bemühen musst?

Entscheide dich einfach selbst.

Das hat früher auch schon immer funktioniert.

Die *Bewunderung.*
Die Verehrung.

Die Herrlichkeit. Der Zulauf. Die Massen. Die Fans.

Man könnte meinen, dass sich der Neuigkeitswert inzwischen abgeschliffen hätte, aber die wenigen (und ich meine wirklich wenige, nach unseren Maßstäben), die tapfer genug sind, um in die Dschungel von Zeit und Raum aufzubrechen, haben unsere tiefste Bewunderung.

Denn obwohl wir wissen, dass – egal, wo sie sich auch befinden – nichts so sein wird, wie es den Anschein hat, werden sie immer sicher und beschützt sein, und die unvermeidliche große Feier bei ihrer Heimkehr wird die Oscar-Verleihung wie ein Happy Meal von McDonald's aussehen lassen, sie ahnen nichts von alledem. Und so sind die Höhen ihrer Herrlichkeit und die Tiefen ihrer Verzweiflung zu einer Legende in einem Land der Legenden geworden.

Und du hast immer gedacht, dass die Reality-TV-Shows beliebt seien? Du solltest mal deine Einschaltquoten sehen!

Ich hab *Hunger!*

Hunger nach Abenteuer.

Nach dem Abenteuer der Liebe.

Ich sag dir was:
Je mehr Liebe du heute demjenigen gibst, der sie nach deiner Ansicht am allerwenigsten verdient, desto mehr wird sich dein Leben verändern.

Ja, ja, sie *lieben* mich schon, durchaus!

Sie lieben mich wirklich sehr.

Manchmal frage ich mich jedoch, ob der Grund, warum sie mich lieben, irgendetwas mit dem Gedanken zu tun hat, dass ich eines

Tages vielleicht doch der Funke sein könnte, der das Feuer entfacht, und dass ich derjenige sein könnte, der die Magie herbeiruft, die alle ihre Träume wahr werden lässt.

Ach du Schande, was werden sie aber überrascht sein, wenn sie feststellen, dass genau das ihr eigener Job ist.

Hast du schon von der »*Zauberstunde*« gehört?

Es ist ein totales Geheimnis, deshalb flüstere ich jetzt nur noch.

An jedem neuen Morgen, seit die Zeit begonnen hat, sogar noch bevor die Sonne aufgeht, fangen die Trommeln an zu schlagen, singen die Chöre, steigt die Energie auf, und jede einzelne Seele, die je gelebt hat, huscht durch die Ebene der Manifestation, während ein Gesang beginnt ... der lauter und lauter wird ... schneller und schneller wird ... bis ein fieberhafter Höhepunkt erreicht ist und die Himmelspforten sich mit einem Donnerschlag öffnen und sich Milliarden und Abermilliarden der wunderschönsten Engel zeigen, die du je gesehen hast. Sie fliegen aus dem Himmel hernieder, manche mit ausgestreckten Flügeln, manche haben sie nach hinten angelegt. Sie schießen herunter, sie tauchen, sie rollen – manche von ihnen so schnell, dass sie nur wie ein Wischen wirken, während andere vorbeischweben, als ob sie noch den Hauch einer Sommernachtsbrise erhaschen wollten.

Jeder von ihnen spiegelt das Großartigste, Lieblichste und Höchste wider, was man sich nur vorstellen kann. Jeder ist ein Bote der Hoffnung, des Friedens und der Freude. Sie sind Heiler und

Lehrer, Tröster und Schöpfer. Und jeder Einzelne ist dabei, einen brandneuen Tag in Zeit und Raum mit einem morgendlichen Gähnen, schläfrigen Augen und der Kraft, DIE WELT ZU ROCKEN, zu begrüßen.

Dies ist die Zauberstunde. Schsch…

Und wenn du ganz genau hinhörst, kannst du noch die Trommeln hören.

Hosanna in der Höhe.

Ein wunderbarer dreifacher galaktischer Axel heute morgen. Es ist, als wäre es erst gestern gewesen, dass du den ganzen Weg über Saltos geschlagen hast, nicht wahr?

Oh, hi …

Zumindest sprichst du noch mit mir.
Ich sitze gerade hier am Strand und frage mich, ob diese ganze Sache überhaupt eine gute Idee war, weißt du.
Als diese Idee zum ersten Mal in mir aufkam, schien sie wie ein verdammt tolles Abenteuer. Unbegrenzte Möglichkeiten. Unvergleichliche Kameradschaft. Ein bisschen von mir in jedem (na ja, ein ziemlich großes bisschen). Mein Stil, mein Rhythmus, meine Art von Spaß.
Ich hatte ja keine Vorstellung davon, dass sich die Menschen so verloren fühlen würden. So traurig. So einsam.
Nun gut, so viel weiß ich jetzt sicher: Beim nächsten Mal, wenn ich eine große »Aus dem Körper sein«-Party mitten in der Nacht

gebe, schalten wir die Musik nicht beim ersten Weckerklingeln ab. Es wird dann auch Begleiter geben, wenn man wieder in den Körper zurückkehrt, damit man nicht aus Versehen in den falschen springt. Und für alle, die verwirrt sind, wird es Beleuchtung, Begleitung und Inspiration geben – wie auf der Erde –, aber nur, wenn sie darum bitten und auch erwarten, dass man ihre Bitte hört.

Schüttle also deine Federn …

Das Universum

Was meinst du wohl, worüber ich gesprochen habe?
Deinen Kilt finde ich übrigens ganz toll. Da, wo er halt passt.

Wenn du mal wieder dabei bist, die *Autobahn* des Lebens

entlangzufahren, und nach einer Ausfahrt suchst, die LEICHTER WEG heißt – darf ich dich dann daran erinnern, dass das genau die Auffahrt war, an der auch ein Schild stand ZUM PARADIES – STRASSENBAUARBEITEN – AUF »LICHTARBEITER« ACHTEN, STEINSCHLAG, SCHLAGLÖCHER, RUTSCHGEFAHR. KEINE WENDEMÖGLICHKEIT.

Und du hast da gesagt: »Super, cool.«

Was soll das denn heißen: »Wann kommen wir endlich an?«
Du bist jetzt einer der Lichtarbeiter.

Aufgehende *Sonnen* und plätschernde Bäche.

Tropische Regenwälder und schlafende Wiesen.

Moderne Wunder und wissenschaftliche Errungenschaften.

Hingebungsvolle Freunde und fürsorgliche Fremde.

Leben und Lieben und Seelen, die so nahe sind, dass einem das Herz zerspringen könnte.

Sieh das mal so an: Es geht nicht so sehr darum, dass du darauf warten *musst*, bis deine Träume wahr werden, sondern dass du darauf warten *darfst* – und das in einem Garten Eden, im Paradies der Paradiese, in meiner Hand.

Hier ist ein kleiner »Unausweichlichkeits-Test«,

um den Fortschritt zu überprüfen, den du dabei gemacht hast, einen besonderen Traum zu verwirklichen.

Du arbeitest so ziemlich jeden Tag ein bisschen daran.

Ja, visualisieren zählt. Aber den Weg zu bahnen zählt doppelt. Und so zu tun, »als ob« alles schon erledigt und geschafft ist, zählt siebenfach.

Eine
erleuchtete Seele

ist nicht die, der die Wahrheit enthüllt worden ist, sondern jene, die die Wahrheit herbeigerufen hat. Und das nicht nur dann, wenn sie von Schmerz oder Leid dazu angetrieben wird, sondern wenn die See ganz ruhig ist, spiegelglatt.

Aber du musst schon zugeben, dass es irgendwie doch ganz praktisch ist mit dem Leid. So funktioniert das oft am besten. Ehrlich.

So ein
Glück!

Ist denn das zu glauben?

Du. Im Paradies. Jetzt. Genau so, wie du bist.
Genau so, wie es ist.

Hast du eine Vorstellung davon, wie viele Seelen im Unsichtbaren sich wünschen würden, in deinen Schuhen zu stecken? Wünschen würden, durch deine Augen zu blicken? Sich wünschen, spüren zu können, was dein Herz bewegt? Gerne deine Freunde hätten? Deine Lieben teilen würden? Sich deinen Ängsten und Dämonen stellen würden?

Verdammt noch mal, deine Ängste und Dämonen! Machst du Witze? Besonders deine Ängste und Dämonen. Denn von dort, wo diese sind, kann man viel leichter sehen, wann sie vorüber sind und wie triumphal du sein wirst und wie viel mehr sie möglich machen.

Für sie ist es so, als ob an jedem Tag dein Geburtstag wäre.

Hast du
nicht *immer* noch

deinen Weg gefunden?

Hat es nicht immer ein Licht in der Dunkelheit gegeben? Bist du nicht immer wieder aufgestanden? Hat es nicht immer wieder glückliche Zufälle und Überraschungen, unerwartete Wendungen und triumphale Comebacks gegeben? Und gab es nicht immer jemanden für dich, den du lieben konntest? Von all den Träumen, die schon wahr geworden sind, gar nicht erst zu sprechen.

Fügungen, Zufälligkeiten?
Oder könntest du dir vorstellen, dass auch du immer geliebt worden bist?

So ein
cooler Monat.

Solch ein cooler Tag.

Gedanken, die sich immer noch verwirklichen, so sicher, wie die Fluten steigen.

Du bist immer noch so frei, diese Gedanken zu wählen, wie der Wind sie bläst.

Im Paradies scheint also alles zum Besten zu stehen.

Kann ich sonst noch irgendetwas für dich tun?

In Liebe
Das Universum

Na klar, sorry. Als ob irgendetwas noch besser sein könnte, als alles zu haben. Ich schätze, ich bin mal wieder in einer albernen Laune. XXOO

Glaube nicht, dass das *Heute*

ein Morgen voraussagt, denn das war nie so.

Dasselbe gilt für die Vergangenheit.

Nur du selbst kannst das.

Vergiss *niemals,*

dass die Scorecard*, auf die es am meisten ankommt, unsichtbar ist. Kein anderer wird sie sehen, bis das Spiel vorbei ist. Erst dann wird sie mit unserer Art von HD-Fernsehen und 3-D-Technicolor überall bekanntgemacht, allen, denen du je begegnet bist und darüber hinaus.

Selbstverständlich bleiben alle Kästchen leer, außer solchen, die du zur Eigenbewertung benutzen möchtest (wovon wir stark abraten). Dennoch: Jede einzelne Angst, der du begegnet bist, jede Brücke, die du überquert hast, und jedes Leben, das du berührt hast, wird allen bekanntgemacht und von allen gefeiert.

Die Party hat übrigens schon angefangen, aber sie wird jeden Tag etwas größer, da die Kreise, die deine Herzensgüte und dein Mut ziehen, sich weiter und weiter ausbreiten.
Hey, im Unsichtbaren giltst du als wirklich RIESIG.

* Scorecard: Beim Golfen trägt man dort selbst seine Schläge ein, die man von Loch zu Loch braucht.

Sosehr ich
meinen »Job« *liebe,*

habe ich doch auch »meine Tage«.

Vielleicht kannst du mir ja helfen?

Also, welchen Rat würdest du einem Kind geben, das zu dir kommt und dich fragt, was es für eine Lieblingsfarbe wählen soll?

Würdest du sagen, dass keine Farbe richtig oder falsch ist?
Oder dass das Kind seinem Herzen folgen soll? Dass es später ja

jederzeit wieder seine Meinung ändern kann, egal wie oft? Dass es nur darauf ankommt, wie sehr es mit seiner eigenen Wahl zufrieden ist? Oder dass es der Sache mit der Lieblingsfarbe gar nicht so viel Bedeutung beimessen sollte? Dass es sich ja gar nicht entscheiden muss? Dass du jede Farbe gut findest, für die es sich entscheidet?

Mensch, du bist wirklich gut!

Was wäre dann aber, wenn das Kind protestiert und sagt, dass es von Freunden gehört hat, dass es eine spezielle Farbe gibt, die man bei der Geburt erhält, eine Seelenfarbe? Dass es meint, eine Numerologiesitzung könnte Licht auf die Farbverwirrung werfen? Dass es seine Entscheidung gerne durch eine Horoskopdeutung, durch Kaffeesatzlesen oder ein Ouija-Brett bestätigen lassen würde. Und es dich dann fragt, ob es eine gute Idee wäre, einen neuen Guru zu suchen?

Siehst du?

Sorry, dass ich dich damit behellige. Ich bin einfach gerade mal wieder dabei, nach ein paar neuen Antworten auf die Myriaden Fragen zu suchen, die ich jede Woche zu Karriere, Liebe und Schicksal bekomme – und das sieht aus meiner Perspektive von hier doch ziemlich nach Wachsmalstiften und Kinderbildchen aus.

Hoi, superschönes Magenta!

Klar kannst du alle Instrumente, Führer und Hilfen verwenden, die du magst. Ich stimme da ja gerne zu. Aber lies doch vielleicht noch einmal den vierten Absatz oben in Ruhe durch.

Am *Anfang* ist es
gar nicht so leicht,

aber eines der größten Geschenke, das du jemandem machen kannst, der dein Herz rasen lässt, ist, ihm die Freiheit zu geben, seine eigenen Lektionen in seiner eigenen Zeit zu lernen.

Noch kniffliger ist es, zu entdecken, dass eines der größten Geschenke, das du jemandem machen kannst, der dir auf die Nerven geht, jenes ist, ihm die Freiheit zu geben, seine eigenen Lektionen in seiner eigenen Zeit zu lernen.

Und die größte Herausforderung ist, zu begreifen, dass eines der größten Geschenke, das du dir jemals selbst machen kannst, ist, zu verstehen, dass dein Herz nie gerast hat und deine Nerven nie angespannt waren, weil andere Menschen ihre Lektionen hatten.

Mit dem größten Geschenk habe ich natürlich gemeint »außer Schokolade«.

Tu mal so, als ob *du* ich wärst.

Du bist gerade dabei, eine ganz neue Wirklichkeit zu erzeugen. Und du weißt, dass du dich da draußen Billionen und Aberbillionen von Jahren in jeder nur möglichen Form und Gestalt herumtreiben wirst.
Überleg mal nur so aus Spaß: Hättest du das alles so gebaut, dass du dabei verletzt, weniger oder unwichtig würdest?
Oder wärst du als das Universum, als das Alpha und Omega, als

der Bote der Morgendämmerung und jedes neuen Tages,
nicht ziemlich davon überzeugt, dass du das atemberaubendste
Paradies erschaffen könntest, das man sich nur vorstellen kann? In
jeder Hinsicht makellos und dabei doch voller seltsamer Illusionen
von Leiden, Verlust und deiner eigenen vermeintlichen
Bedeutungslosigkeit, um so die Spannung zu erhöhen, um das
Unbekannte interessanter zu machen und um aus allem ein
unvergessliches, prickelndes und endloses Abenteuer zu machen,
das dir so viel mehr bedeutet, wenn du es wieder meisterst, aber
nun von innen heraus?

SCHNITT! Das genügt.

Super Alpha! War das lila Trikot deine Idee?

XXOO
Das Universum

Nimm die Illusionen nicht ernst, glaub nicht an sie.

Hast du das auch
schon *mitgekriegt?*

Dass Ängste sehr ähnlich wirken wie die Reklametafeln entlang der
Straßen.

Je schneller du fährst, desto schneller rauschen sie heran, desto
größer werden sie und desto mehr verstellen sie dir den Blick auf
das, was echt und lebendig ist. Bis an den Punkt, an dem sie über
oder neben dir sind, größer als das Leben selbst. Sie lassen dich

innehalten und geben dir viele gute Gründe, umzukehren und dich in Sicherheit zu bringen.

Wenn du jedoch den Mut aufbringst, Kurs zu halten, sind sie in einem kurzen Augenblick schon wieder hinter dir, und du nimmst sie wieder in der richtigen Persepektive wahr. Und schließlich sind sie genauso schnell wieder verschwunden, wie sie zuvor aufgetaucht waren.

Wenn du Kurs halten willst, dann halte bitte Kurs.

Das ist übrigens der Grund, warum wir hier drüben Plakatwände schon vor langer Zeit abgeschafft haben. Und außerdem fährt gar keiner auf unseren Autobahnen.

Hier
ist der Haken.

Wenn das alles nicht so verflixt einfach wäre – Veränderung zu manifestieren, Glück zu finden, das Leben deiner Träume zu führen –, glaube ich wirklich, dass mehr Leute es mitkriegen würden.

Denke, denke, und lass los.

Gib mich *frei,*
gib mich frei,

um deinen Willen zu erfüllen. Um Himmel und Erde zu bewegen. Um die Mitspieler einzusetzen und die Umstände herbeizurufen, die dein Leben komplett verwandeln, indem du selbst mit dem Heute dein Allerbestes gibst.

Mehr Hilfe brauche ich nicht.

Im Grunde genommen
ist es *so:*

Wenn du es spüren kannst, kann ich es manifestieren.

Egal was du möchtest.

Mit herzlichen Grüßen
Das Universum

Gefühle bewirken Umstände. Je tiefer die Emotionen sind, desto besser sind die Umstände.

Hast du dich
je *gefragt,*

was die Welt ohne dich wäre?

Wer würde dann ein Licht in all die dunklen Ecken strahlen, die du jetzt erhellst? Wer würde all jene trösten, führen und inspirieren, die du jetzt erreichst und berührst? Wer würde denen zulächeln, die dein Lächeln am meisten brauchen?

Wir wissen, wie die Welt dann aussähe.
Und zwar die ganze Zeit. Und das wäre kein schöner Anblick.

O *Schätzchen,*
Schätzchen …

So viele behaupten, sie würden daran glauben.

Und dann frage ich sie einfach:
Wenn du wirklich daran glauben würdest, geführt zu sein, würdest du dann nicht anfangen, auf die Führung auch zu hören?

Und wenn du wirklich daran glauben würdest, stark und machtvoll zu sein, würden dann nicht jedem echten Wunsch, den du hegst, aktive Handlungen folgen?

Und wenn du wirklich daran glauben würdest, dass du den Funken schlagen könntest, der deine Träume wahr werden lässt, würdest du dann nicht aufhören, so zu leben, als ob du dir dessen gar nicht sicher wärst?

Diese Fragen sollten sie mächtig aufmischen, nicht wahr?

Let's rockandroll.

Sei du selbst das Wunder!

Durch
dich,

durch dich, durch dich …

Die Magie wirkt durch dich. Nicht neben dir. Nicht um dich herum. Nicht für dich. Nicht trotz deiner selbst. Sondern durch dich.

Du musst dorthin gehen. Du musst dir deine Bühne selbst aussuchen. Du selbst musst tanzen. Du musst dich an den richtigen Ort begeben, auch wenn du dich davor fürchtest, auch wenn dir das »schwer«fällt. Öffne dich, streng dich an, bring den Ball ins Rollen, damit die Magie lebendig werden kann und dich mit ihrer unendlichen Herrlichkeit von den Beinen reißt.

Du würdest doch auch nicht die Samen für den Garten deiner Träume die ganze Zeit in der Tasche mit dir herumtragen und dabei ständig danach fragen, wo eigentlich die Blumen sind, oder? Nein, du musst dich den Naturgewalten stellen, den Ort des Handelns auswählen und dann dorthin gehen.

Dein Leben ist dein Zauberstab (oder deine Spitzhacke oder was auch immer),
Das Universum

Es wird immer
irgendetwas *anderes* geben,

was du hättest sagen sollen. Es wird immer etwas anderes geben, was du hättest tun sollen. Und es wird immer ein anderes Leben geben, das du hättest leben können.

Aber mal ehrlich: Wir hier genießen und würdigen immer noch alles, was du gesagt und getan hast und was du geworden bist – trotz all der vielen guten Gründe, warum du das auch nicht hättest sagen, tun oder werden können.

Yeah, die Frage »Was hätte – und hier dein Name! – getan« ist inzwischen fast ein Sprichwort bei uns. Und wenn du erst einmal siehst, wie viele Sponsoringverträge hier für dich kurz vor dem Abschluss sind! Fliegende Teppiche, Zauberstäbe, Elfenstaub, der ganze Krempel!

Hier ist
ein kleiner *Trick,*

damit der Ball ins Rollen kommt.

Frag dich selbst: »Was würde mir am meisten Spaß machen im

Leben, so wie es jetzt ist und bevor meine ganz großen Träume wahr werden?«

Und dann – tu das einfach. Oft, viel, sehr.

Und kaum hast du dich versehen, werden dann auch die ganz großen Träume wahr.

Und falls du vielleicht gar nicht mehr weißt, was Spaß eigentlich ist, dann tu einfach irgendetwas. Und viel. Der Spaß findet dich dann schon.

Es ist wirklich
ganz *einfach*.

Deine Gedanken werden Dinge. Kämpf nicht dagegen an. Meine nicht, es gäbe da einen anderen Faktor. Halt nicht an den falschen Mustern von Schicksal, Glück oder einem Gott fest, der verurteilt, vorenthält oder entscheidet. Du entscheidest. Du manifestierst. Du herrschst. Deshalb bist du schließlich auch hier. Das wolltest du ja entdecken. Du wolltest deine absolute Herrschaft über alle fadenscheinigen, verformbaren Illusionen von Zeit und Raum erfahren. Um zu tun, zu sein und zu haben.
Es könnte ehrlich gesagt gar nicht einfacher sein. Überhaupt nicht. Du brauchst nur das zu denken, was du möchtest, und von diesem Gedanken nicht abzuweichen. Das wird dich unweigerlich in Bewegung versetzen, es wird die Magie aufmischen und die volle Stärke, Kraft und Majestät eines Universums entfesseln, das sich zu deinen Gunsten verschworen hat.

Tu's einfach. Es ist wirklich alles wert, was dir zur Verfügung steht. Sei stark, wachsam und entschlossen, und das Himmelreich wird dir zu Füßen auftauchen.

»Ich stehe voll hinter dir.«

Nehmen *wir* mal an,

du wärst ein Fischer oder eine Fischerin, und nehmen wir mal an, dass ich gerade eben die Sterne so neu angeordnet habe, dass jetzt die erfolgreichste Woche deines Lebens bevorsteht.

Juhuu!

Wenn du das nächste Mal mit deinem Boot zum Fischen rausfährst, nimmst du dann ein Netz mit oder viele?
Viele, klar, hab ich mir gedacht.

Könntest du dir für einen kurz aufblitzenden Augenblick denken, dass du – da du ja nun ein glücklicher Mensch bist – nicht mehr fischen fahren musst, weil alle Fische zu dir kommen?
Nein, wahrscheinlich nicht. Du bist schon immer eines der schärferen Werkzeuge zum Schuppen gewesen.

Dann sag mir also mal, warum die meisten Leute leicht erkennen können, dass sie sich auch dann, wenn sie Glück haben, einsetzen und etwas tun müssen und dass sie eine umso reichere Ernte einfahren können, je mehr sie sich anstrengen.

Aber wenn es um die Magie des Lebens geht, wo Gedanken zu Dingen werden und wo das Universum sich für sie verschworen hat und Himmel und Erde in Bewegung setzt – da meinen sie auf einmal, dass die Fische von selbst zu ihnen kämen.

Immer dein erster Maat an Bord
Das Universum

Nein, so etwas wie Glück oder Zufall gibt es nicht. Nur Menschen, die genug an die Magie glauben, um bei jeder sich bietenden Gelegenheit Fische zu fangen.

Weißt du,
was du *kreiert* hast?

Nein, außer dem intergalaktisch berühmten Herumschlendern, das nach dir benannt worden ist.

Inspiration – in den Augen jener, die dich beobachtet haben.
Hoffnung – im Bewusstsein derer, die dich bewundert haben.
Und Liebe in den Herzen derer, die dich kennengelernt haben.

Nicht schlecht, Freundchen, ganz und gar nicht übel.

Aber vielleicht willst du doch etwas weniger häufig und intensiv auf Vergnügungstour gehen, bevor die anderen sich dabei übernehmen, mitzukommen.

Hier mal ein *Rat*
für solche,

die mit langen Gesichtern zu dir kommen.

»Wenn du dich endlich endgültig und ein für alle Mal entschlossen hast, glücklich zu sein, und doch bist du es nicht ... dann hast du dich noch nicht dazu entschlossen, ein für alle Mal glücklich zu sein.«

Dasselbe trifft auf alles andere zu, wofür du dich entschieden hast.

Gedanken sind tatsächlich so mächtig.

Dich immer darum zu bemühen, dein Bestes zu geben, so hell wie möglich zu strahlen und so aufrecht zu stehen, wie du nur kannst – das bringt dir weitaus mehr Dividende ein, als du dir vorstellen kannst.

Staunst du nicht
über die Natur?

Ich tu das, allerdings bin ich auch voreingenommen.

Die Natur hält so viele Hinweise darüber bereit, wie du das Leben deiner Träume führen kannst, findest du nicht?

Hast du zum Beispiel schon mal eine Entenmutter beobachtet, die darauf wartet, dass sich ihre Entlein in einer Reihe versammeln, bevor sie über die Straße watschelt?

Niemals. Denn die Entenmutter weiß, dass ihre Entlein nur dann überhaupt in einer Reihe marschieren, wenn sie sich zuerst selbst in das neue Abenteuer stürzt.

Ich bin einfach nur eines deiner Entlein,
Das Universum

Tatsächlich: Das trifft auch auf deine Enten zu. Sie stellen sich nicht in einer Reihe auf und marschieren hinter dir her, wenn du nicht losgehst.

Neue
Seelenausrichtung.

Die folgende Wörter und Aussagen sind nicht Teil meines Wortschatzes: »Sollte.« »Schwierig.« »Böse.« »Ich weiß nicht.«

Klar gibt es reichlich Gelegenheiten, dass du sie gebrauchen kannst, und jeder weiß dann ganz genau, was du damit meinst – besonders ich. Wenn du sie verwendest, werden sich alle Elemente und Faktoren verschwören, genau diese Begriffe für dich wahr zu machen.

Ich frage auch nie: »Wie?«
Da könnte man genauso gut fragen: »Welches Universum?«

Wegtreten,
Das Universum

Oh, und noch so einen Begriff gibt es, »Good bye«. Das ist auch so eine Erfindung, die mich völlig fertigmacht.

Manchmal wird
die *Spannung* hier

fast zu groß.

Wie zum Beispiel gerade jetzt wieder mal.

Vor dir, im Unsichtbaren, brauen sich etliche erstaunliche, atemberaubende Umstände zusammen.

Die Räder drehen sich, die Feuer lodern, und alle Möglichkeiten werden neu berechnet.

Mitspieler und Mitspielerinnen sowie ihre Erfüllungsgehilfen stellen sich auf, um bald in dein Leben zu platzen.

Alle warten nur auf mein Zeichen …
wie ich auch erst auf dein Zeichen warte.

Jajaha! Das macht richtig Spaß!

Wenn du es einmal begriffen hast, dann entscheide dich, setz dich ein, und schau nie mehr zurück.

Deine besten *Freunde*
sagen dir vielleicht,

was zu tun wäre. Klar, denn so was machen die besten Freunde eben.

Weise Freunde würden indes noch nicht einmal im Traum daran denken, weil sie begreifen, dass sie niemals alle Geheimnisse kennen, die dein Herz bewegen, alle deine Gaben, die noch verborgen sind, und alle Pläne, wie wir gemacht haben.

Schschsch
Das Universum

Ich sag's keinem weiter.

Einhundert Billionen
Jahre!

Sieben Kontinente!
106 Milliarden Leute!
(Atlantis und die anderen nicht mitgezählt.)

96 Myriaden Träume, die wahr geworden sind.

Und kein einziges Mal, nicht einmal im entferntesten und auch nicht an den Tagen, an denen ich besonders großzügig, liebevoll, achtsam und trostreich war, hat sich in Zeit und Raum je etwas ereignet – gut oder schlecht, groß oder klein, reich oder arm –, was nicht von der Imagination eines Menschen entzündet und ausgelöst wurde, der dann mit den eigenen kleinen Schritten darauf zugegangen wäre.

Erinnere mich bitte jetzt daran, was das noch mal war, was du dir am meisten gewünscht hast.

Nicht ohne dich!
Das Universum

Pssst …
Hey, *großartig!*

Willst du ein Geheimnis wissen?

Alles in deinem Leben ist ein Symbol.

Eine Spiegelung. Ein Indiz. Eine Erinnerung.
Eine sichtbare Manifestation für das, was du verstanden, und für das, was du nicht verstanden hast.

Sieh die Wahrheit in der Schönheit.
Und die Schönheit im Schmerz.

Doch, doch, das Leben ist gerecht. So gerecht, wie es schön ist. Auch wenn man das nicht immer sehen kann, wenn man zu nah dran ist, zu nah in Zeit oder Raum.

zählt zwischen hier und dort nur allein das, was du zwischen jetzt und dann denkst.

Die Vergangenheit ist einfach das, woran du dich gern erinnern möchtest, falls du dich daran überhaupt erinnern willst.

Hast du je
Beton gegossen?

Schweres Zeugs, aber der Job ist einfach. Du mischst den Zement an, mit Wasser und so, gießt ihn in die Trommel und lässt ihn eine Weile stehen, ohne dich weiter drum zu kümmern. Dann kannst du sogar Formen daraus gießen, Enten, Blumen, je nachdem, welche Formen du hast. Es gibt keine Grenzen.

Nehmen wir nun mal an, dass dir die Ente, die dabei rauskam, nicht so gefällt. Würdest du dann versuchen, den in die Form gegossenen Beton irgendwie zu verflüssigen, umzugestalten und dann den alten Zement wieder eingießen, oder würdest du einfach noch mal von vorn anfangen, da Zement wirklich billig ist?

Oh, du bist mir ja weit voraus! Du hast gemerkt, dass »anmischen, eingießen und stehen lassen« eine Metapher dafür ist, wie du deine Imagination nutzen kannst, nicht wahr? Du hast auch begriffen, dass die Form deinem Ziel oder Traum entspricht.

»Es gibt da keine Grenzen« hat dir auch einen Hinweis gegeben. »Schweres Zeugs«, »einfach« und »billig« waren ebenfalls Anhaltspunkte. Aber am meisten bin ich auf dich stolz, dass du gemerkt hast, dass verflüssigen, umarbeiten und wieder eingießen

so wäre, als ob man im eigenen Leben eine Veränderung vornehmen wollte, indem man an dem herumdoktert, was schon manifestiert wurde, anstatt nach innen zu gehen und neu zu manifestieren. Heute bekommst du fünf Goldsterne,
Das Universum

Wenn du einen spektakulären *Berg* kennen würdest,

der sehr, sehr hoch wäre, aber doch erklimmbar, und wenn man genau wüsste, dass man von seinem Gipfel aus buchstäblich all die Liebe sehen könnte, die die Welt umhüllt, die mit den Engeln tanzt und mit den »Göttern« feiert: Würdest du dann bei jedem Schritt beim Aufstieg fluchen oder dich freuen?

Genau. Das Leben ist dieser Berg
und jeder Tag ein Schritt.

Hab keine Angst.
Als ich beim letzten Mal nachgeschaut habe, warst du schon so nahe am Gipfel, dass sie die Maße deiner Toga aufgenommen haben.

Ist dir schon mal *aufgefallen,*

dass die Antworten vor den Fragen kommen? Dass Heilung mit Krankheit beginnt? Und dass kein Traum wahr werden kann, wenn es nicht eine Zeit gibt, in der er das noch nicht war?

Mist, ist das nicht alles perfekt eingerichtet? Jeder kann glücklich sein, egal an welcher Stelle seiner Reise er sich befindet.

Zu jeder Zeit und in jeder Hinsicht und in allen Angelegenheiten geschieht alles, was sich ereignet, zu deinen Gunsten.

Hab *bitte* keine Angst.

Noch nicht mal ein bisschen. Niemals. Die Löwen und Tiger und Bären können dir in Wahrheit gar nichts antun. Du lebst in einer Welt des Nebels und der Spiegel, in der es nur die Illusion gibt, dass du weniger als großartig sein könntest, weniger als das Beste, wie du dich je selbst gesehen hast.

Und dieses eigene innere Bild von dir, das höchste und beste, was du in dir trägst – das hat ja deine kühnsten Träume angestoßen, das hat dir mit seinen süßen Belohnungen den Mut gegeben, ins Scheinwerferlicht zu treten. Es hat dich durch deine Ängste hindurchgetragen, die dich davon abhalten wollten.

Drachentöter. Matador von Zeit und Raum. Rechtmäßiger Erbe des Himmels auf Erden. Hab keine Angst. Noch nicht mal ein bisschen.

Amen
Das Universum

Du hast das ja gar nicht gebraucht, diese Erinnerung. Ich wollte einfach mal wieder bloggen.

Du bist nicht *hier,*
um zu lernen,

wie du deine Gedanken zu den Dingen und Ereignissen deines Lebens machst. Das ist zu schwierig, zu kompliziert. Laaangweiiilig. Überlass das getrost mir.

Nein, du bist hier, um zu lernen, dass deine Gedanken das bereits tun – zu den Dingen und den Ereignissen deines Lebens zu werden. Jeder einzelne Gedanke tut das. Immer schon und immer noch.

Es könnte doch gar nicht einfacher sein.

Stell dir vor,

dass du an einem warmen Sommerabend an einem ruhigen, klaren See bist. Es ist Vollmond. Die Sterne leuchten. Nachtschwalben fliegen, wie Nachtschwalben es eben so tun.

Kannst du das, so auf dem Wasser treiben? Die meiste Zeit über tust du überhaupt nichts, so dass ich dich an der Oberfläche halten kann, in meiner eigenen Hand. Es ist einfach eine Sache der Physik, der Gesetze von Zeit und Raum und deines natürlichen Zustands.
Kannst du mir folgen?

Okay, jetzt musst du mir vertrauen, aber das Prinzip gilt ja ganz genauso, wenn es darum geht, in Wohlstand und Fülle zu treiben, in Gesundheit und Harmonie, unter Freunden und Fröhlichkeit. Das ist dein natürlicher Zustand, so sind deine »Voreinstellungen« von Haus aus, dass sind die Fixpunkte bei diesem großen Abenteuer. Auf dieser Ebene findet sich die wahre Ausgewogenheit. All das ist deins ohne große Anstrengungen. Du musst das noch nicht einmal visualisieren. Hör einfach nicht mehr auf die Behauptung, du hättest nichts von alledem. Gib den Krieg auf, der Mangel vortäuscht. Komm aus der Festung heraus, die dich so sicher geschützt hat, und folge deinem Herzen mit ganzer Seele.

Es ist so,
wenn du

in deinem Leben von Punkt A nach Punkt B gehst – von Krankheit zu Gesundheit, von Mangel zu Wohlstand oder was auch immer –, wird es ab einem bestimmten Punkt der Reise unvermeidlich, dass du an Punkt B ankommst, völlig sicher. Allerdings kann man das an keinem einzigen Punkt der Reise wirklich physisch verifizieren – bis du tatsächlich an Punkt B angekommen bist.

Und das bedeutet auch (herrjemine), dass du die Ziellinie vielleicht schon überquert hast. Aber das erkennst du nicht, solange du nicht die gesamte Reise überblickst.

Zeit und *Raum,*
was für ein Brüller.

Such bei ihnen nach Antworten, Führung und Sinn, und sie werden deine Welt in jeder Hinsicht rocken.

Aber wenn du entdeckst, dass sie *bei dir* Antworten, Führung und Sinn suchen, dann wirst du die Welt rocken.

Verlass dich drauf – das ist dein echtes »Ticket«.

Ahoi, Maestro –
Das Universum

Was für ein Abenteuer,
wenn ich das mal selbst sagen darf.

Alles kann sich doch

sehr, sehr schnell ändern.

Und das tut es normalerweise auch.

Whoohoooooooooooooo!

Stell dir vor …

du sitzt auf deinem Thron und schaust über dein Königreich und Menschenmengen drängen sich an dich heran.

Sie rufen deinen Namen, legen dir Blumen zu Füßen und flehen dich an, mit ihnen ins Dorf zu kommen, wo sie ein Fest vorbereitet haben, um dein Leben zu feiern.

Du nimmst ihre Einladung bescheiden an und wirst sogleich von den Füßen gerissen und hoch auf den Schultern deiner fröhlichen Bewunderer getragen. Du bist von ihrer aus dem Herzen kommenden Dankbarkeit und ihrem Wunsch, dir eine Freude zu bereiten, völlig überwältigt.

Während der extravagantesten Party, die du je erlebt hast, inmitten von Lachen und Freudentränen, fängst du an, über dein Leben nachzudenken. Du kannst dich an nichts erinnern, was du getan hättest, um einen solchen Überschwang und eine solche Liebe zu verdienen.

Das macht dich verlegen, und du fragst dich, ob du das alles nicht einfach nur träumst. Du wendest dich an jemanden aus deinem Gefolge und flüsterst ihm ins Ohr: »Liegt hier nicht ein Missverständnis vor? Ich kann mich noch nicht einmal daran erinnern, überhaupt ein Königreich zu haben! Wer sind all diese Menschen eigentlich? Und wer glauben sie, dass ich bin?«

Und er flüstert zurück: »Nein, da liegt kein Missverständnis vor. Sie wissen genau, wer du bist. Es sind nur einige der Seelen, deren Leben an einer Wegscheide angekommen war, wie es vielen von uns ergeht, wo sich Hoffnung und Verzweiflung getroffen haben. Aufgrund von irgendetwas, was du gesagt oder getan hast – direkt oder indirekt –, fanden sie einen neuen Weg, wurden auf eine bestimmte Weise wiedergeboren und konnten später für andere, die in Not waren, ein Licht sein und ihnen auf ihrem Weg helfen. Das sind all die Leute hier, und falls du es noch nicht bemerkt haben solltest, es kommen immer mehr dazu.

Und, nein, das ist kein Traum.«

Nein, von Badeschlappen habe ich nichts gesagt. Aber die könntest du schon auch noch kriegen.

Wenn es nur darum ginge, zu *überleben,*

es irgendwie zu schaffen und die Dinge so zu belassen, wie sie sind, wie würdest du dann Imagination erklären?

Wenn es nur um Aufopferung, Selbstlosigkeit und Altruismus ginge, wie würdest du dann Sehnsucht erklären?

Und wenn es nur um Denken, Reflexionen und spirituelle Sachen ginge, wie würdest du dann die physische Welt erklären?

Wünsch dir alles.
Deshalb gibt es ja alles und auch dich.

Wruumm, wruumm
Das Universum

Du kannst mich
deinen *Freund* nennen,

aber das reicht nicht ganz hin.
Du kannst mich deinen Führer nennen,
aber da ist noch mehr als das.

Du kannst mich deinen Mitverschwörer nennen, deinen Helfer
oder deinen Agenten; deinen Coach, Berater oder Vertrauten;
deinen Vater, deine Mutter oder dein Kind. Du kannst mich die
Sonne, den Mond und die Sterne nennen; Wind, Himmel und
Regen; Vergangenheit, Gegenwart und Zukunft.

Aber worum es mir wirklich geht, der Sinn und Zweck all dieser
Grußbotschaften von mir, und vielleicht das, was mich am meisten
freuen würde, eines Tages von dir zu hören, ist – dass du mich
»ich selbst« nennst.

Ommmmmm…

Genauso, wie ich dich immer »ich selbst« genannt habe.
(Mit unvorstellbarem Stolz, möchte ich betonen.)